浦东新区卫健委科普项目资助
（PWKP2023A-08）

"爱惜肌"带你漫游ICU

蔡 波　诸海军 ● 主编

河南大学出版社
HENAN UNIVERSITY PRESS
· 郑州 ·

图书在版编目（CIP）数据

"爱惜鱿"带你漫游ICU / 蔡波, 诸海军主编.
郑州 : 河南大学出版社, 2025.2. -- ISBN 978-7-5649-6249-4

Ⅰ. R459.7-49

中国国家版本馆CIP数据核字第2025RR9772号

"爱惜鱿"带你漫游ICU
"AIXIYOU" DAI NI MANYOU ICU

责任编辑　毛晓旭
责任校对　赵海霞
策划编辑　白　冰
封面设计　郭　灿

出版发行　河南大学出版社
　　　　　地址: 郑州市郑东新区商务外环中华大厦2401号
　　　　　邮编: 450046
　　　　　电话: 0371-22864493
　　　　　网址: hupress.henu.edu.cn
排　　版　河南大学出版社设计排版中心
印　　刷　河南印之星印务有限公司
版　　次　2025年2月第1版
印　　次　2025年2月第1次印刷
开　　本　787 mm×1092 mm 1/16　　印　张　3.75
字　　数　38千字　　　　　　　　　　定　价　35.00元

（本书如有印装质量问题，请与河南大学出版社营销部联系调换。）

编 委 会

主　编

蔡　波　诸海军

副主编

陈　嵩　周　锐　张金换

编　委

徐　欢　李晓昕　张溢暖　韩　振　王家俭　赵丹丹　洪　叶　孙　杰
许　君　王海燕　沈晓玲　邵丽莉　张慧丽　闵师强　范　群　张　伟

(排名不分先后)

前　言

随着社会的发展以及医学技术的进步，ICU（重症监护室）的监护水平不断提升，重症医学快速发展。然而由于大部分ICU的探视制度较为严格，大众对其了解程度仍局限于早期的刻板印象，对其认识一知半解，甚至存在一些误区和盲区。因此，以ICU和危重病为主题的科普，可以让老百姓更加深入了解这些常识。通过对ICU相关概念、收治病种、探视制度、重症技术等的普及，能使大众不再惧怕ICU，愿意接受重症医学科医生的建议和治疗，从而大大提高危重病救治率。

本书通过生动有趣的漫画形式，以卡通形象"爱惜鱿"（即"ICU"的谐音）贯穿始终，为读者们揭开ICU的神秘面纱。我们将根据一些案例和故事，带领大家了解ICU的由来、功能、设备以及医护人员的日常工作等，让大家更加深刻地认识ICU。

在阅读这本书的过程中，期望大家能够珍惜生命，感恩医护人员的付出，同时更加关注和支持医疗事业的发展。让我们在"爱惜鱿"的带领下，一同走进ICU的世界，感受生命的奇迹与温暖！

目录

ICU 的前世、今生和未来 2

各种各样的 ICU，你能分清楚吗? 7

为什么医生要让我住 ICU？ 13

ICU 中的各种"救命神器" 17

超级细菌，变变变！ 24

洗手，洗手，再洗手　ICU 预防院内感染的小绝招 29

多吃点还是少吃点？ICU 病人的营养攻略 ············ 33

肺栓塞——ICU 中的沉默杀手 ················· 37

ICU 的探视制度和管理 ····················· 42

镇静镇痛让 ICU 病人不再那么痛苦和焦虑 ··········· 46

ICU 的前世、今生和未来

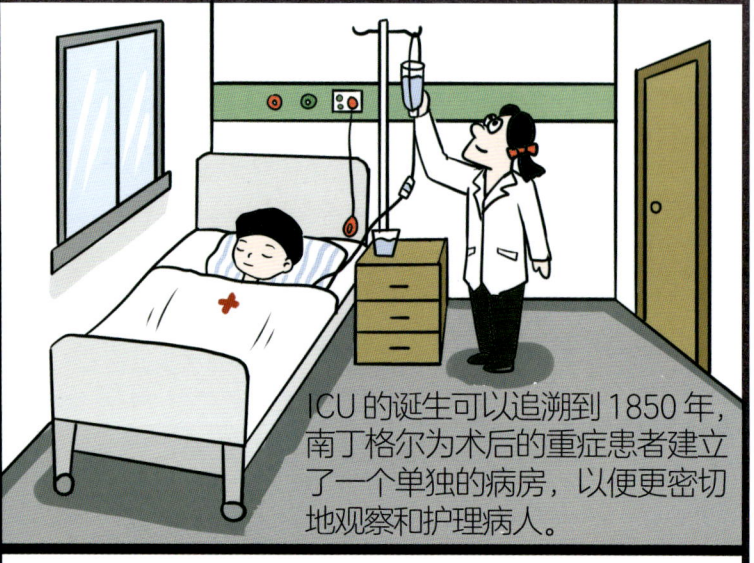

ICU 的诞生可以追溯到1850年，南丁格尔为术后的重症患者建立了一个单独的病房，以便更密切地观察和护理病人。

1923年，美国医生沃尔特·丹迪（Walter E.Dandy）为术后神经外科重症患者设立了一间有三张床的看护病房，这便是ICU的雏形。

二十世纪四十年代脊髓灰质炎大流行，推动了ICU的发展。

我是脊髓灰质炎病毒，我会让人呼吸困难。

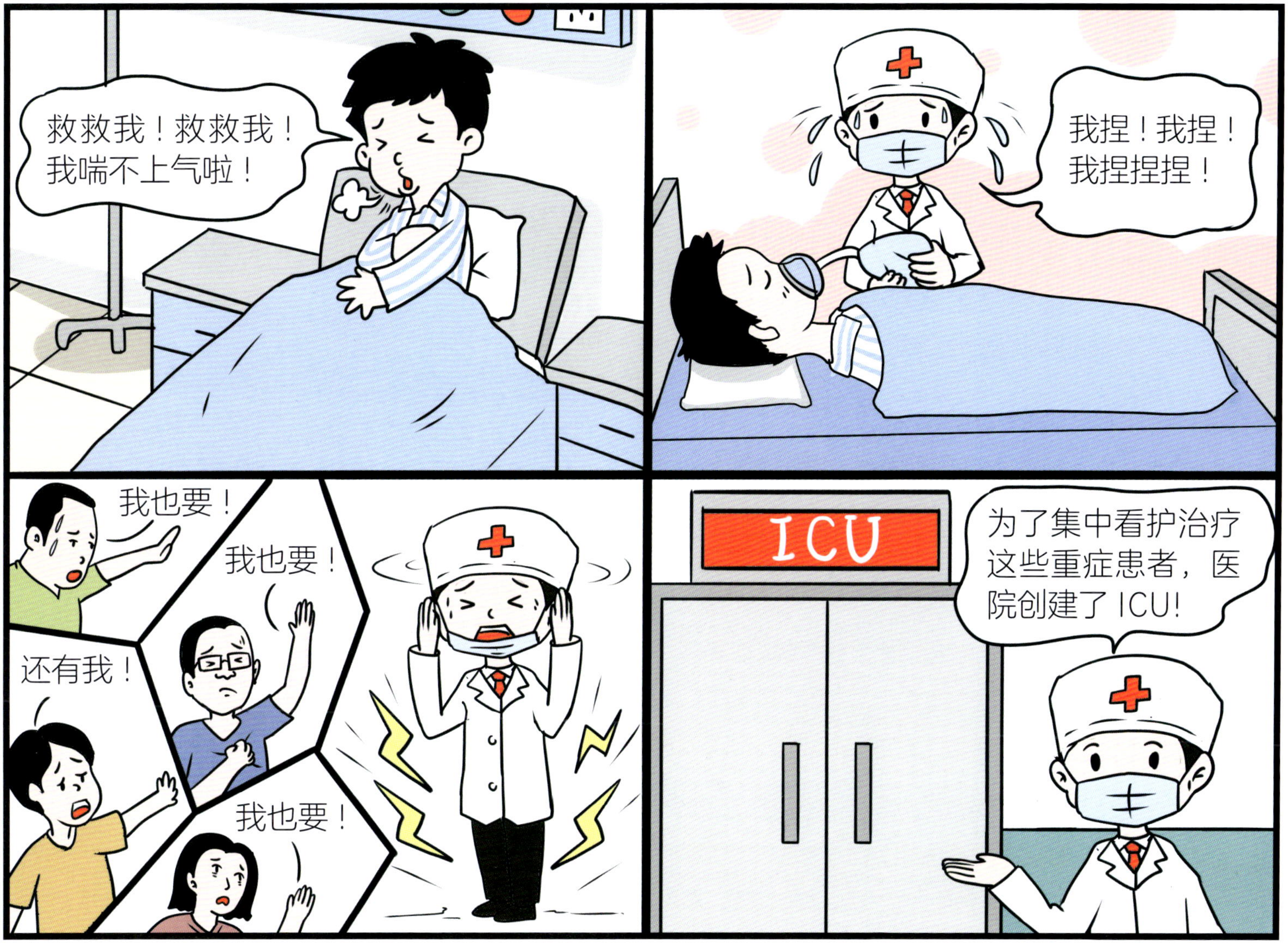

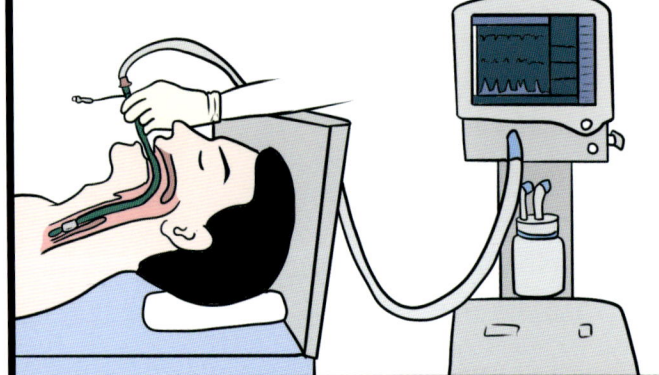
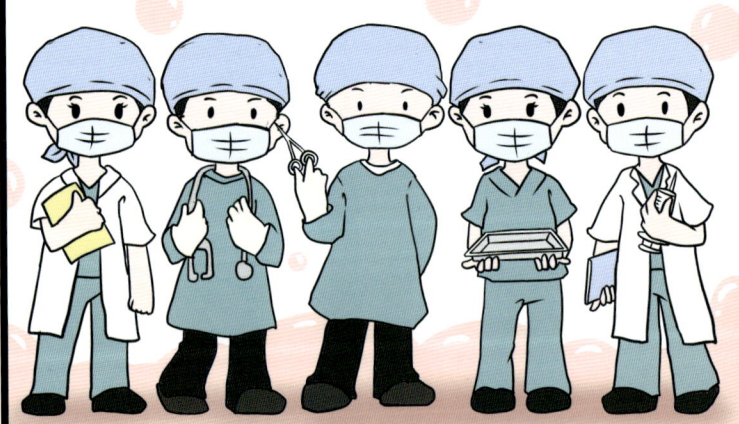
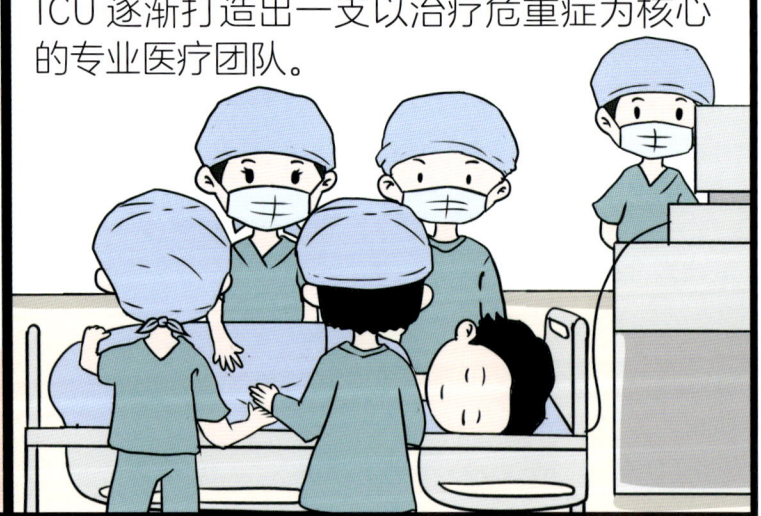

二十世纪中期，人工气道和呼吸器的应用，大大降低了重症患者的病死率，也进一步推动了ICU的发展。

随着医学技术和科技水平的进步，ICU的设备不断完善。

医护人员的培训和管理水平也得到了明显提升。

ICU逐渐打造出一支以治疗危重症为核心的专业医疗团队。

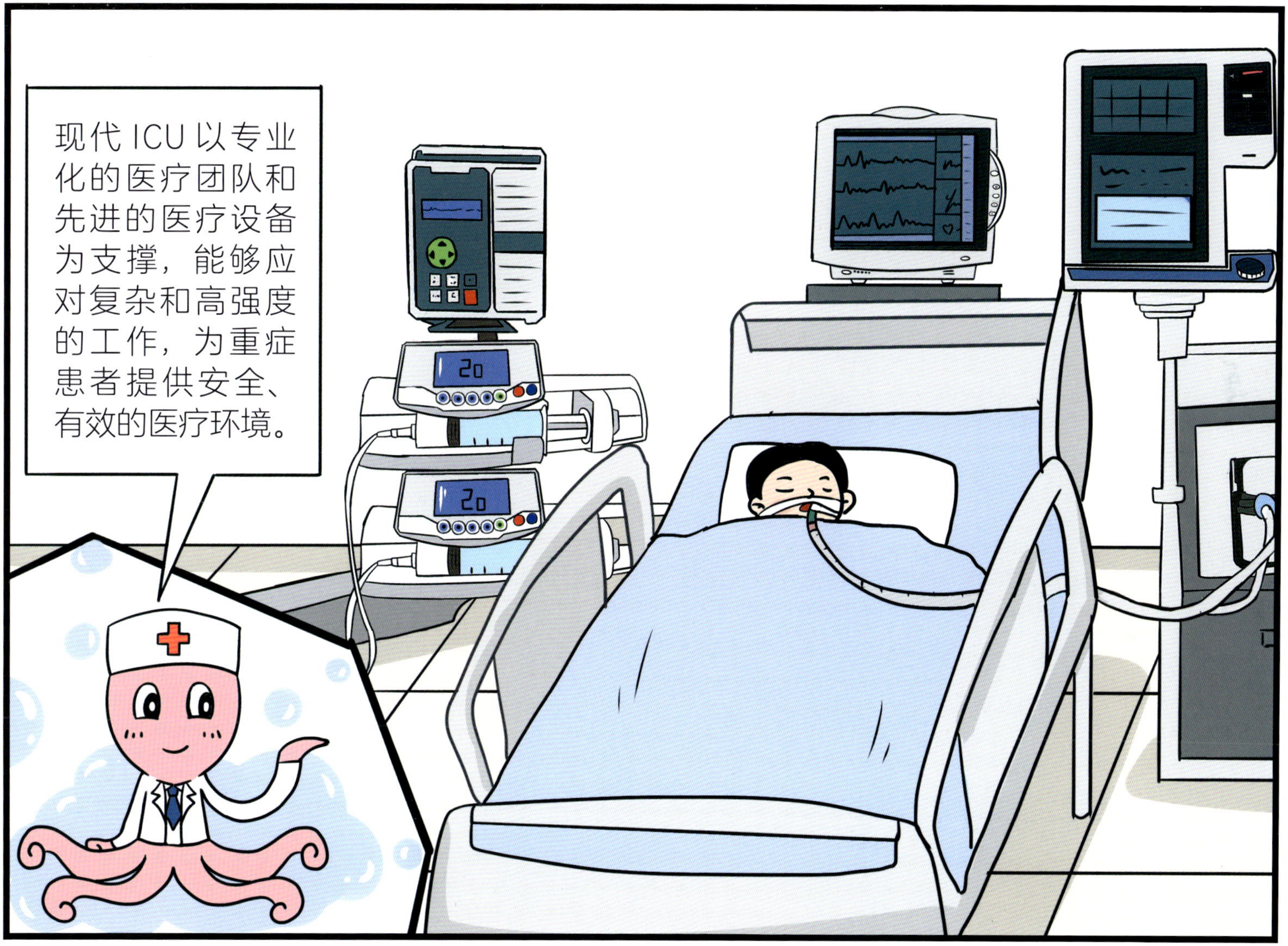

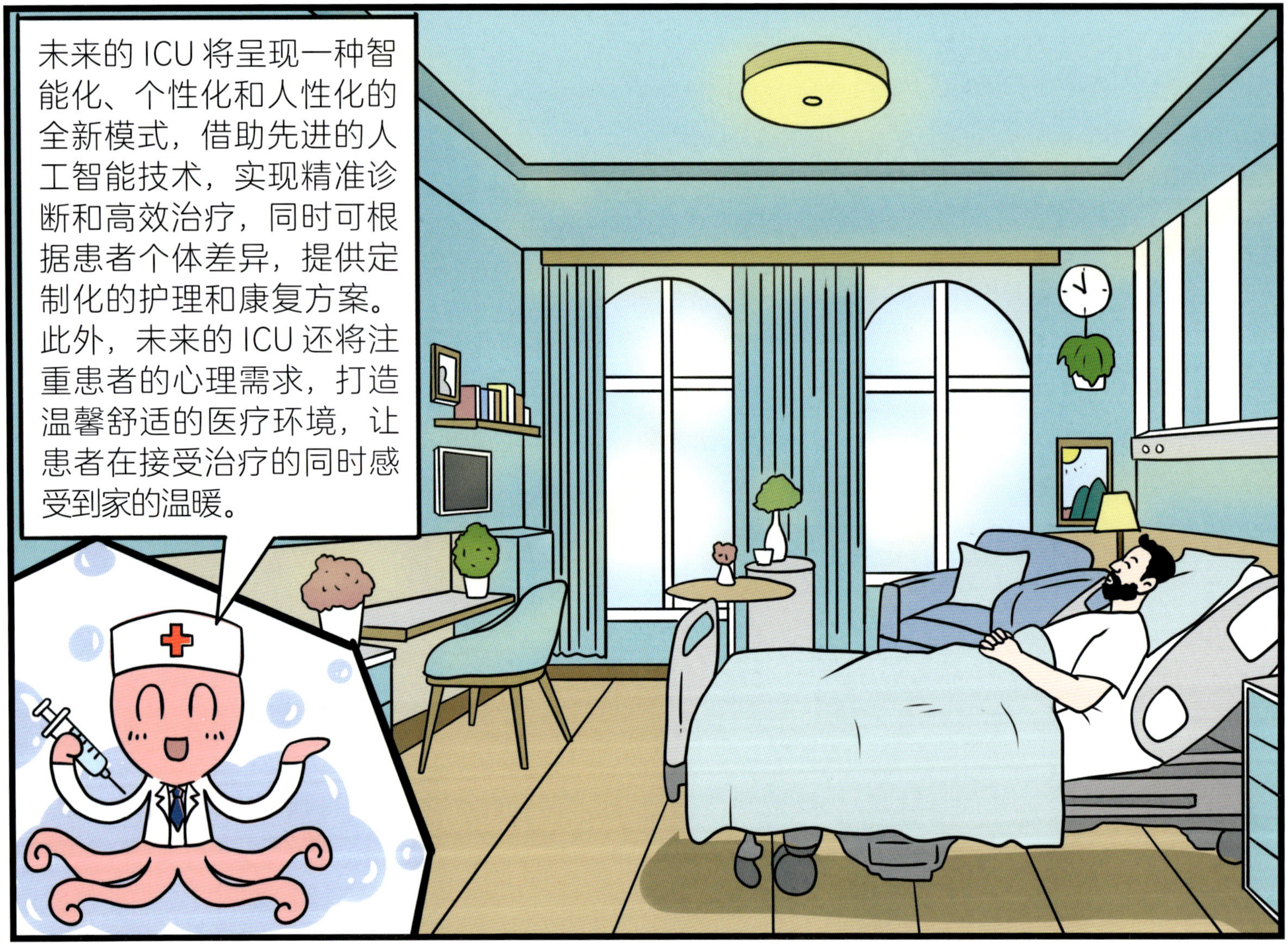

未来的ICU将呈现一种智能化、个性化和人性化的全新模式，借助先进的人工智能技术，实现精准诊断和高效治疗，同时可根据患者个体差异，提供定制化的护理和康复方案。此外，未来的ICU还将注重患者的心理需求，打造温馨舒适的医疗环境，让患者在接受治疗的同时感受到家的温暖。

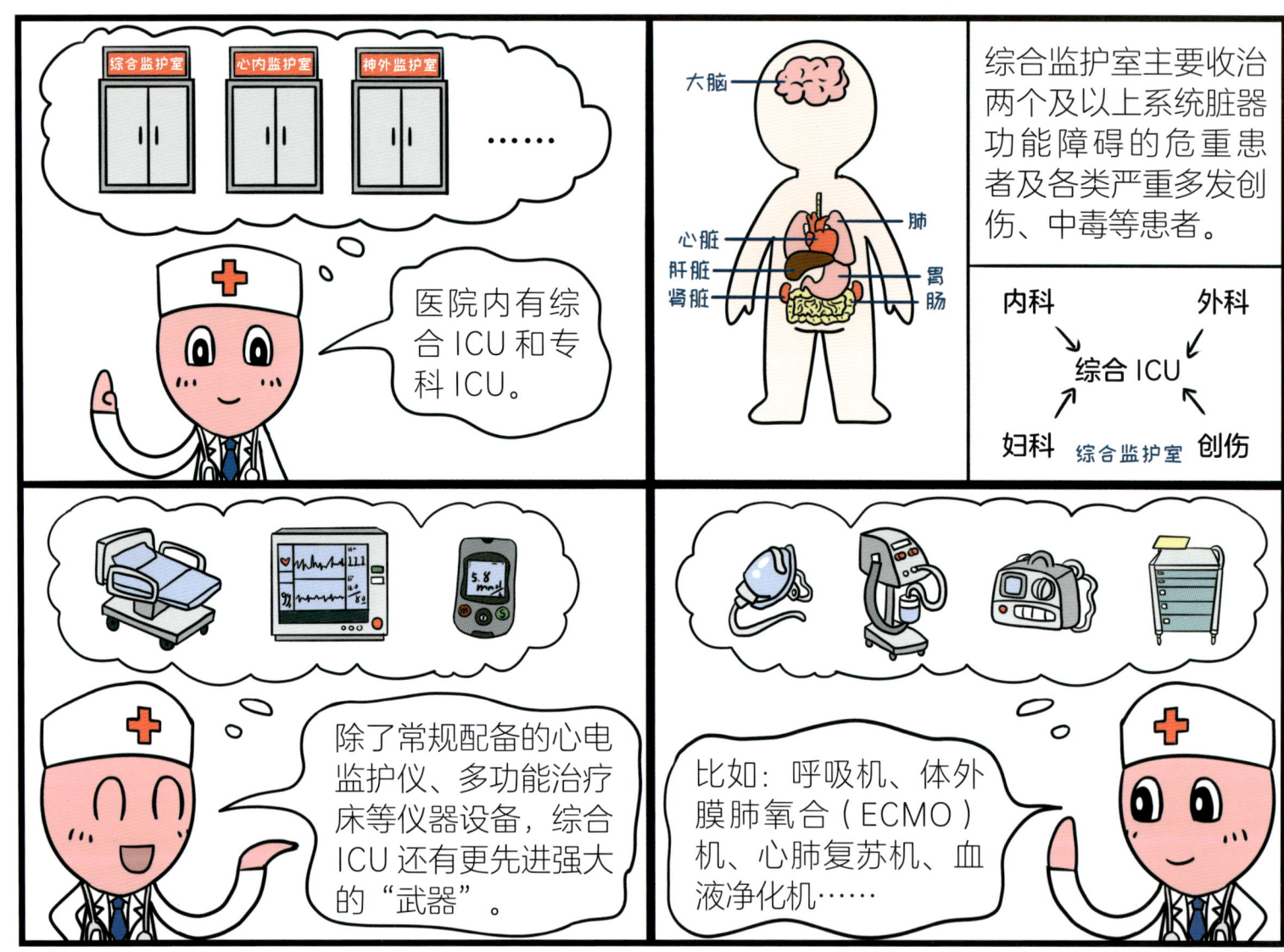

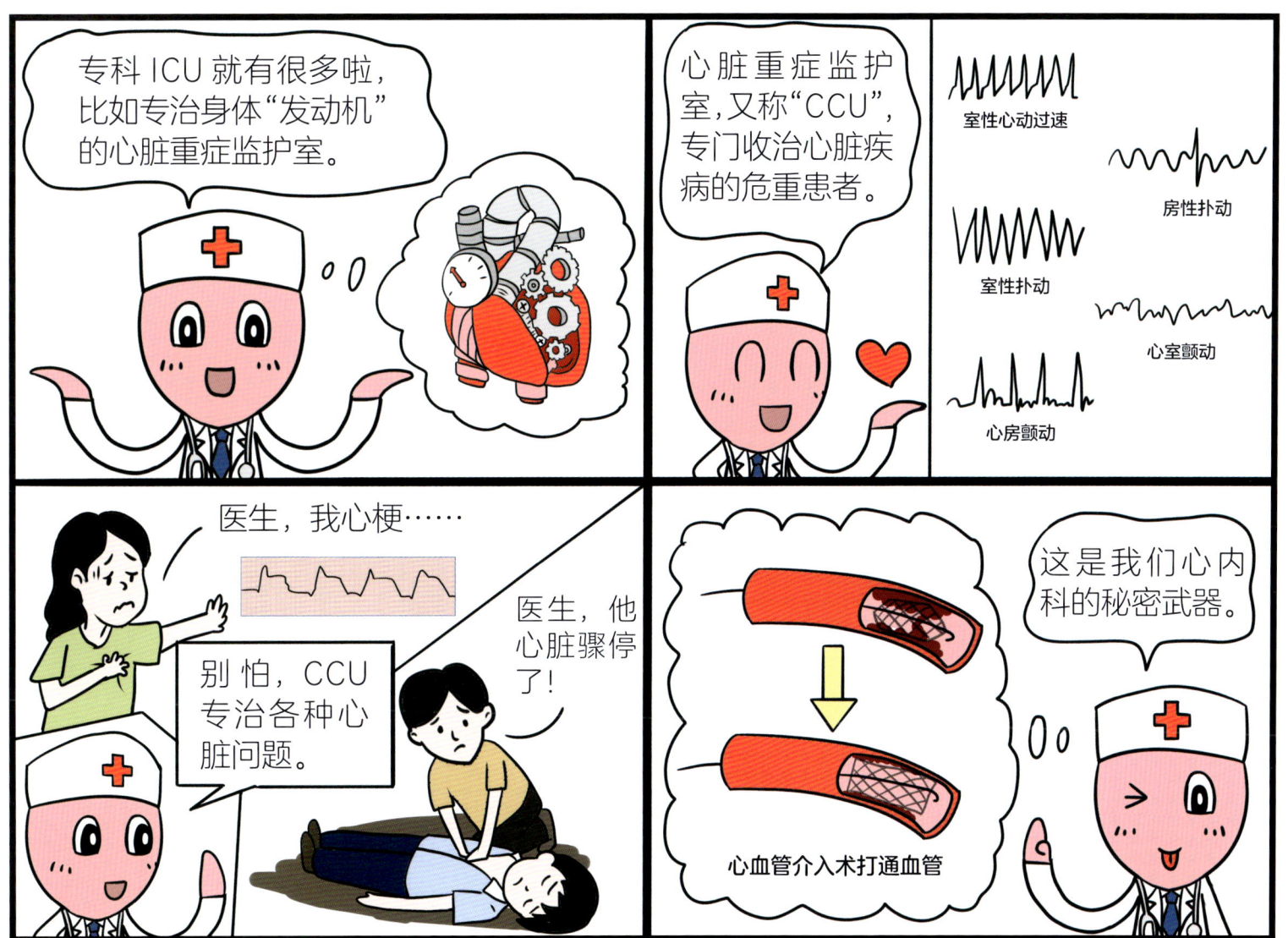

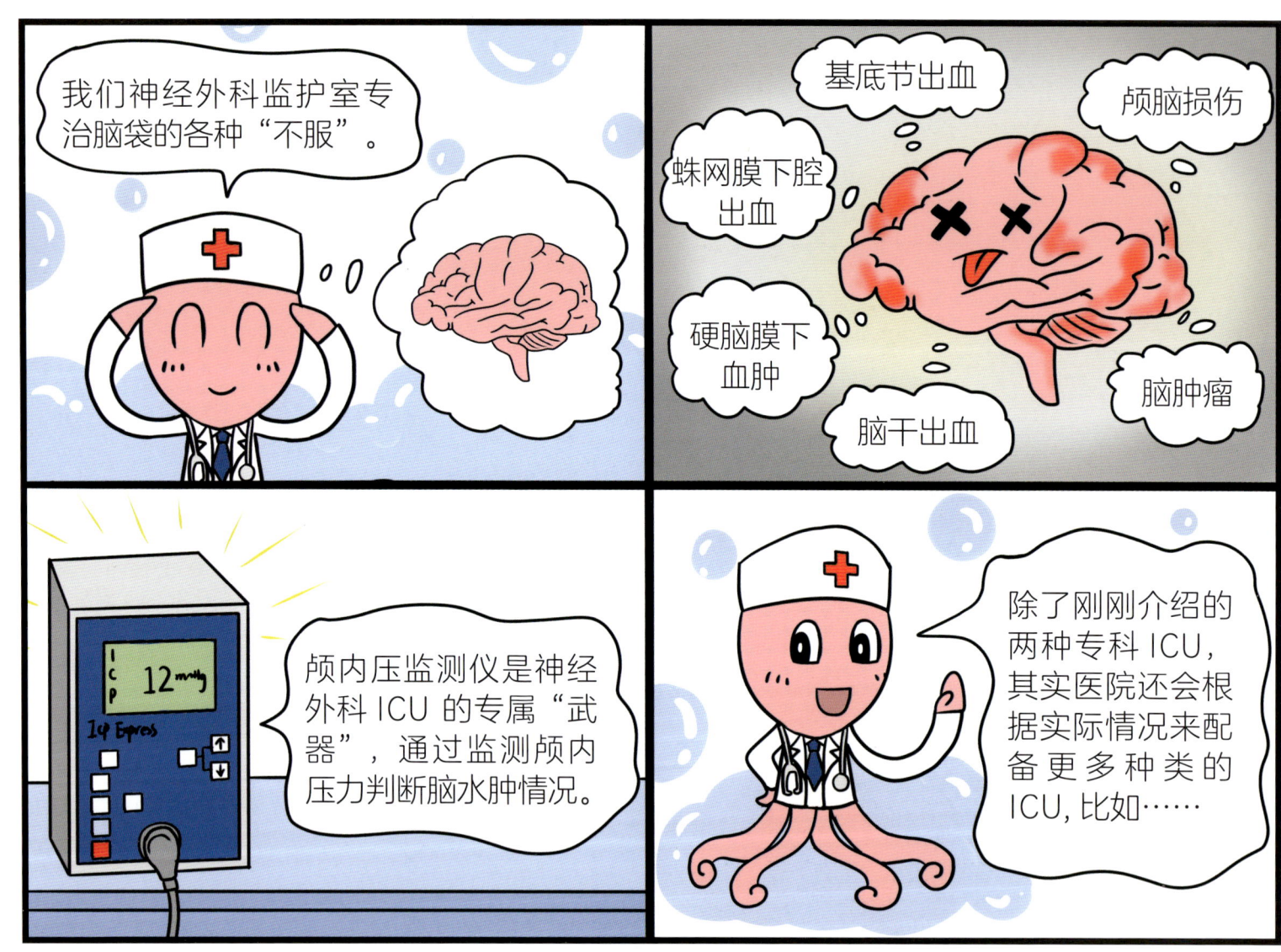

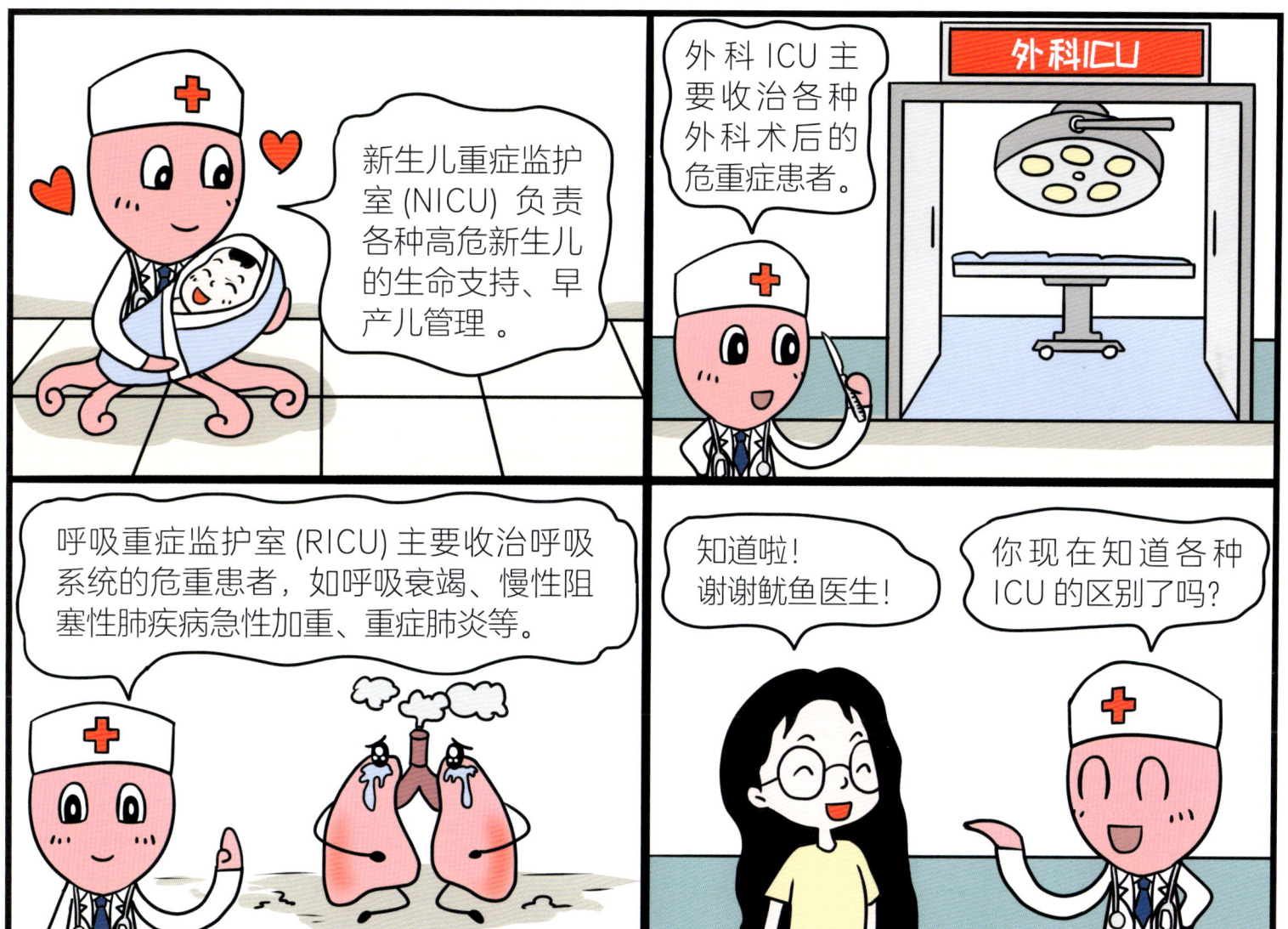

无论是何种ICU，其实它们都有共同点：

①收治病情极其复杂且危重的患者。

②有先进的设备和仪器。

③拥有一支具有超强的抗压力、临床应变力、扎实的医疗护理知识、团队合作能力，擅长急救的专业医疗团队。

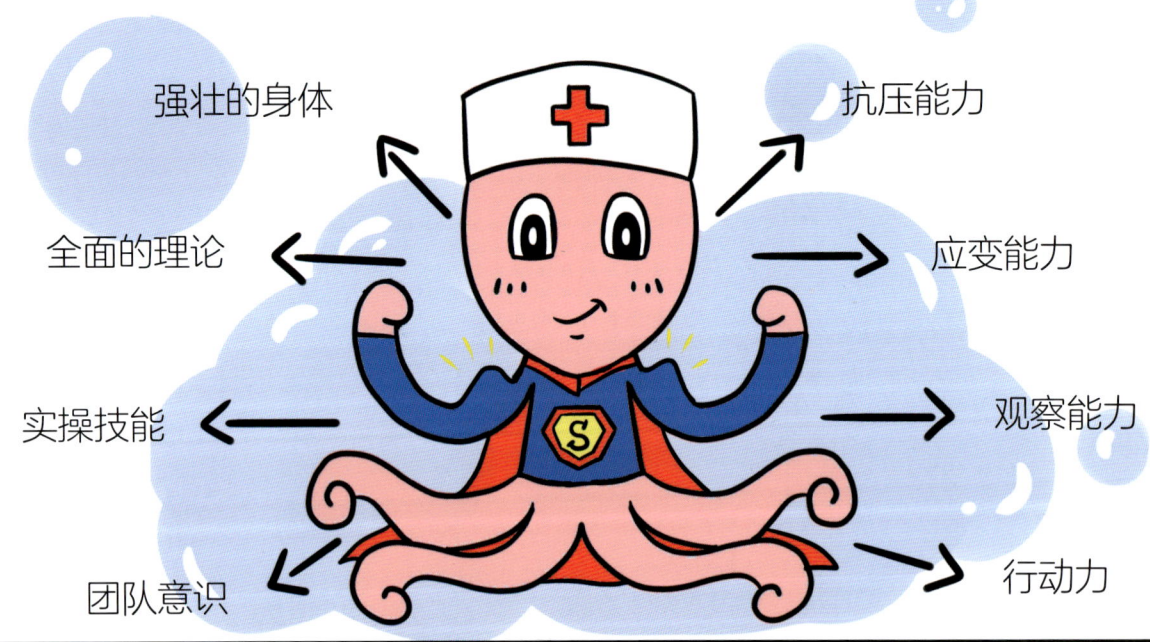

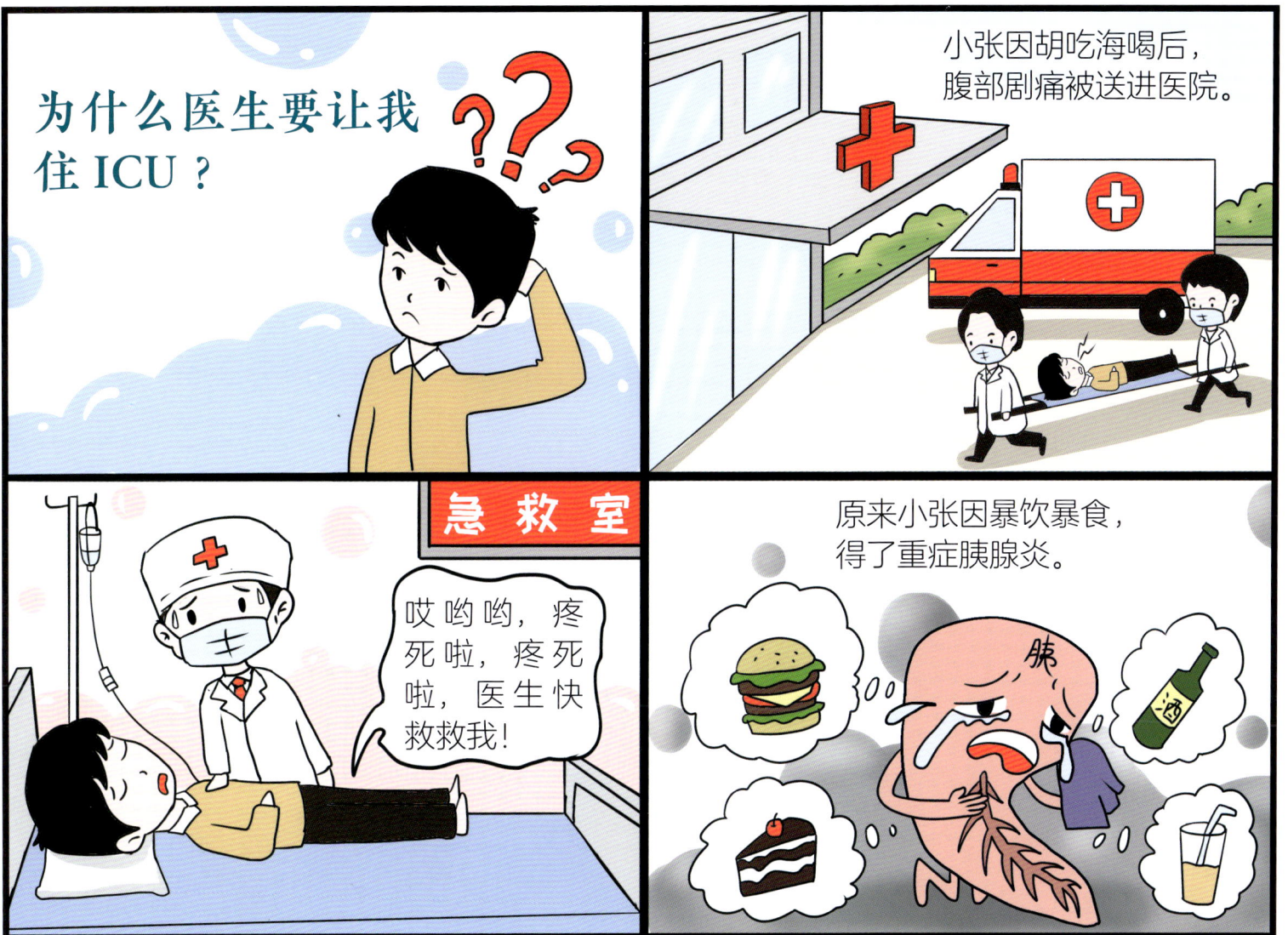

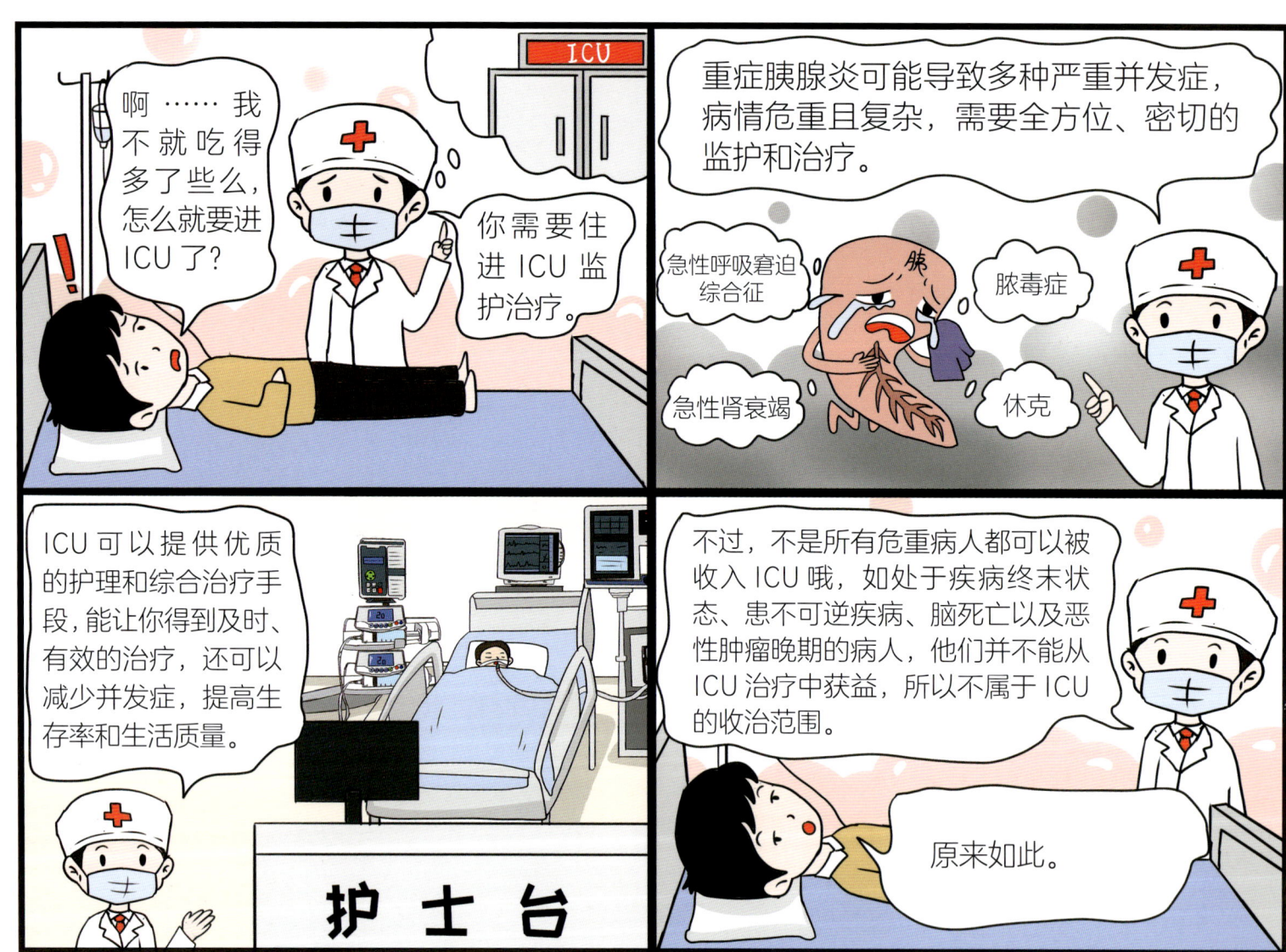

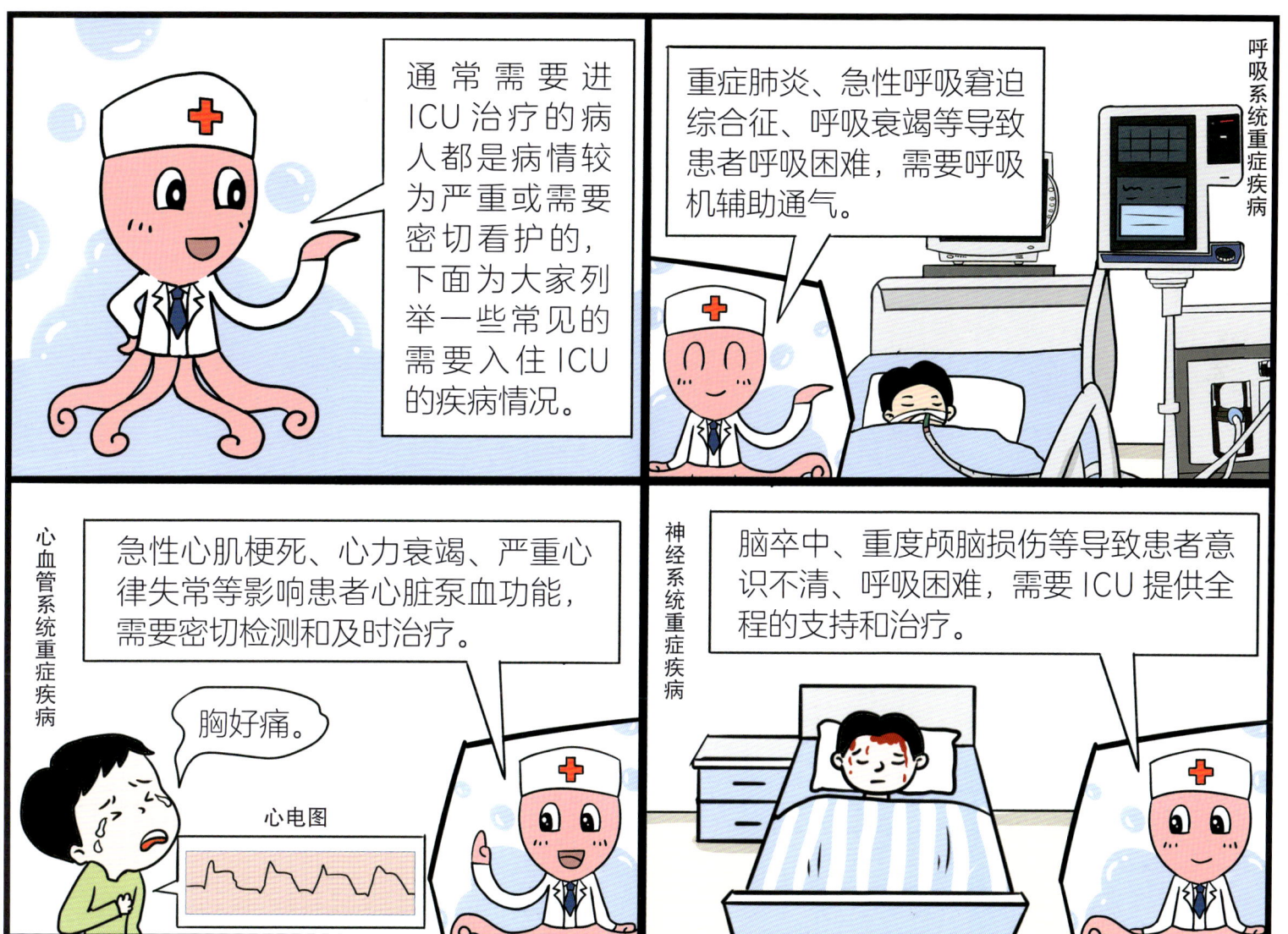

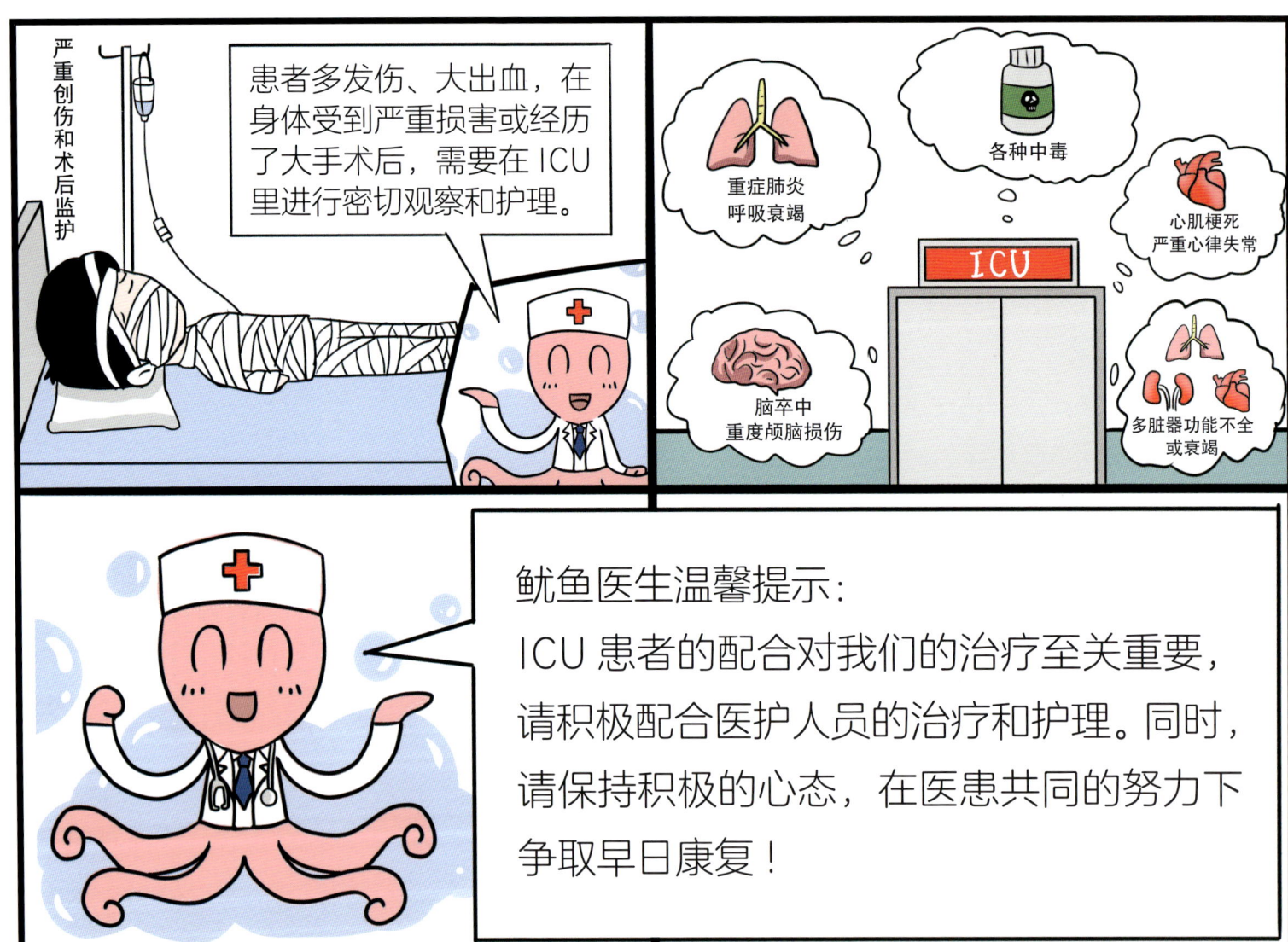

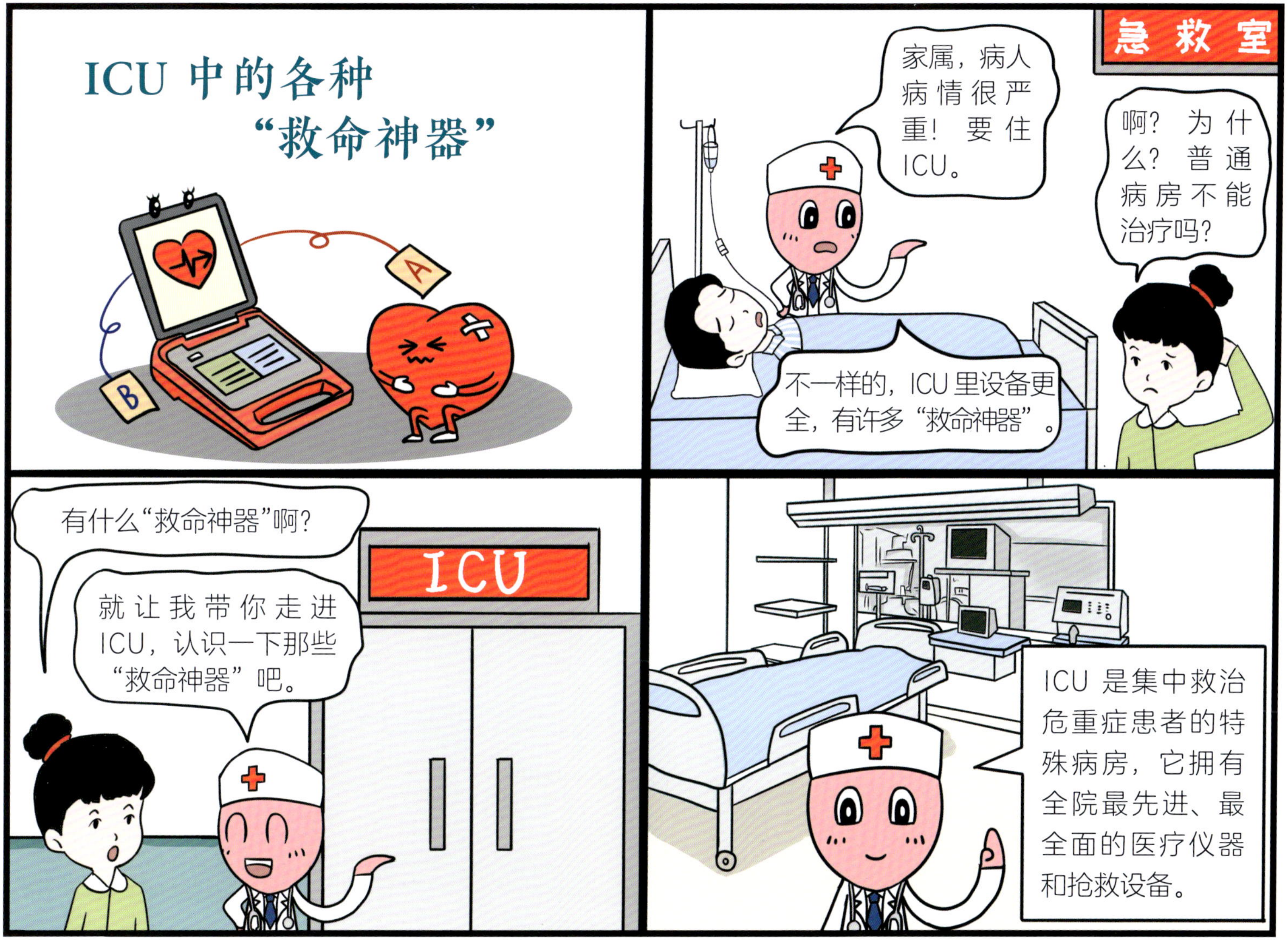

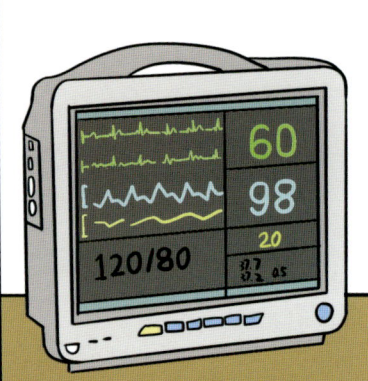

首先介绍一下ICU的标配——多功能监护仪,它像是患者的私人保镖,24小时贴身保护,心率、血压、血氧一个都不漏掉。

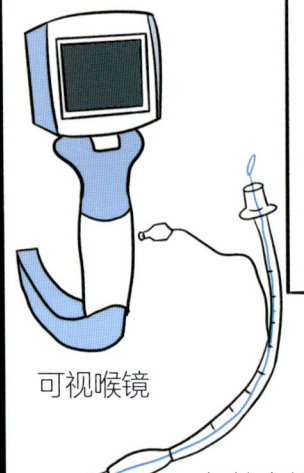

可视喉镜

气管套管

当突发呼吸抑制时,可视喉镜和气管套管这对"最佳搭档"就要上场啦!它们能帮助病人有效地建立呼吸通道,保证全身的氧供。

鱿鱼医生,那如果心跳突然停止了,怎么办?

我们当然也有"神器"啦!

辅助呼吸

机械按压

锵锵锵……像不像工地上的打桩机?这就是能让心脏重新跳起来的"神器"——心肺复苏(CPR)机。它可以在急救时代替人工CPR,同时还能辅助呼吸,节省人力资源,提高效率。

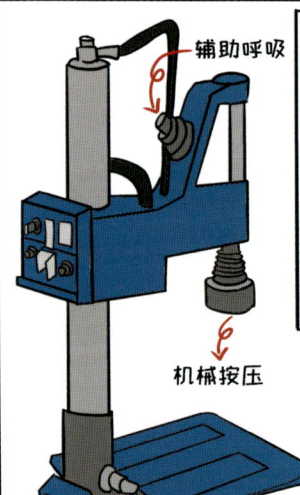

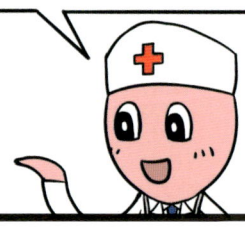

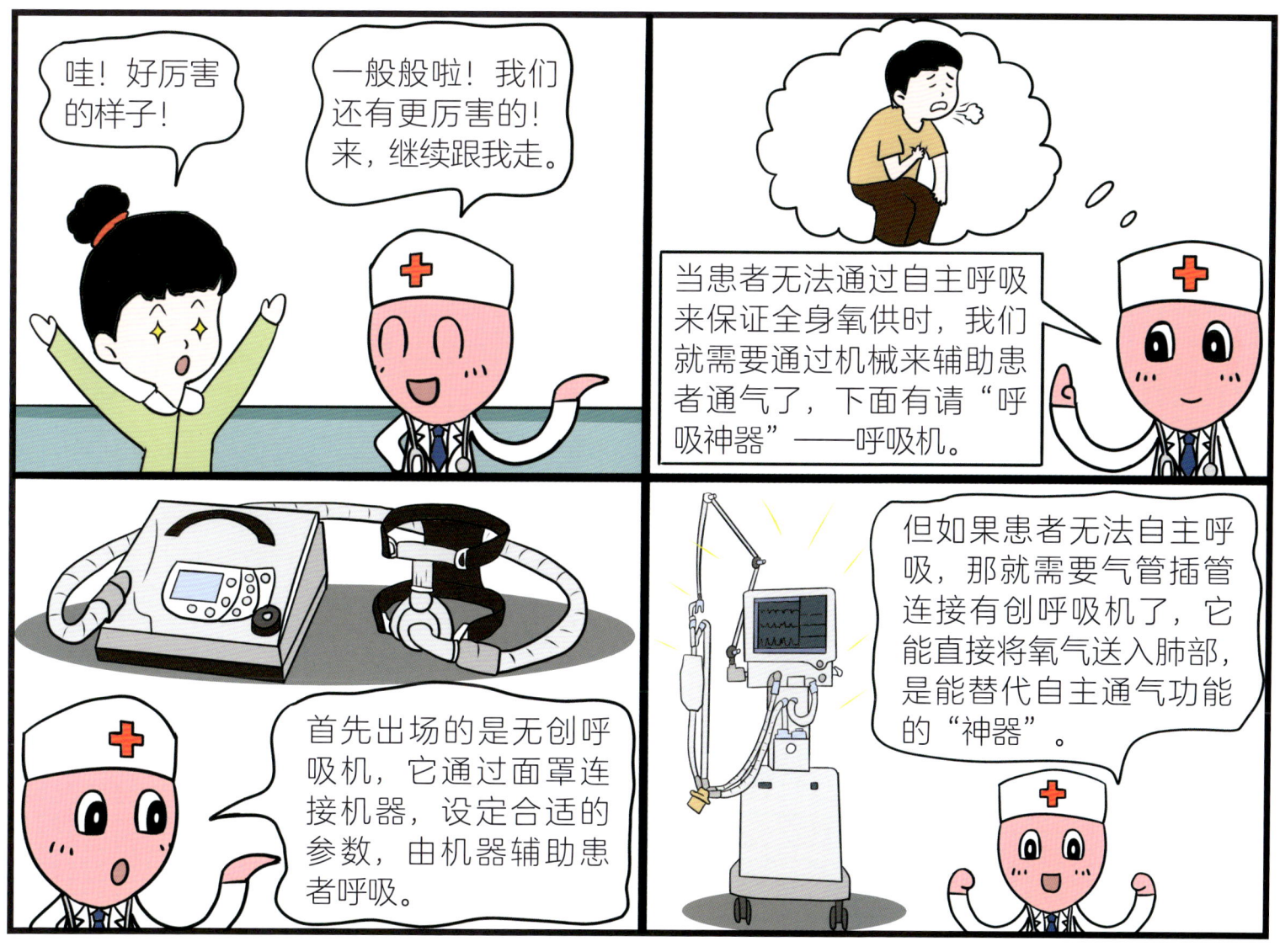

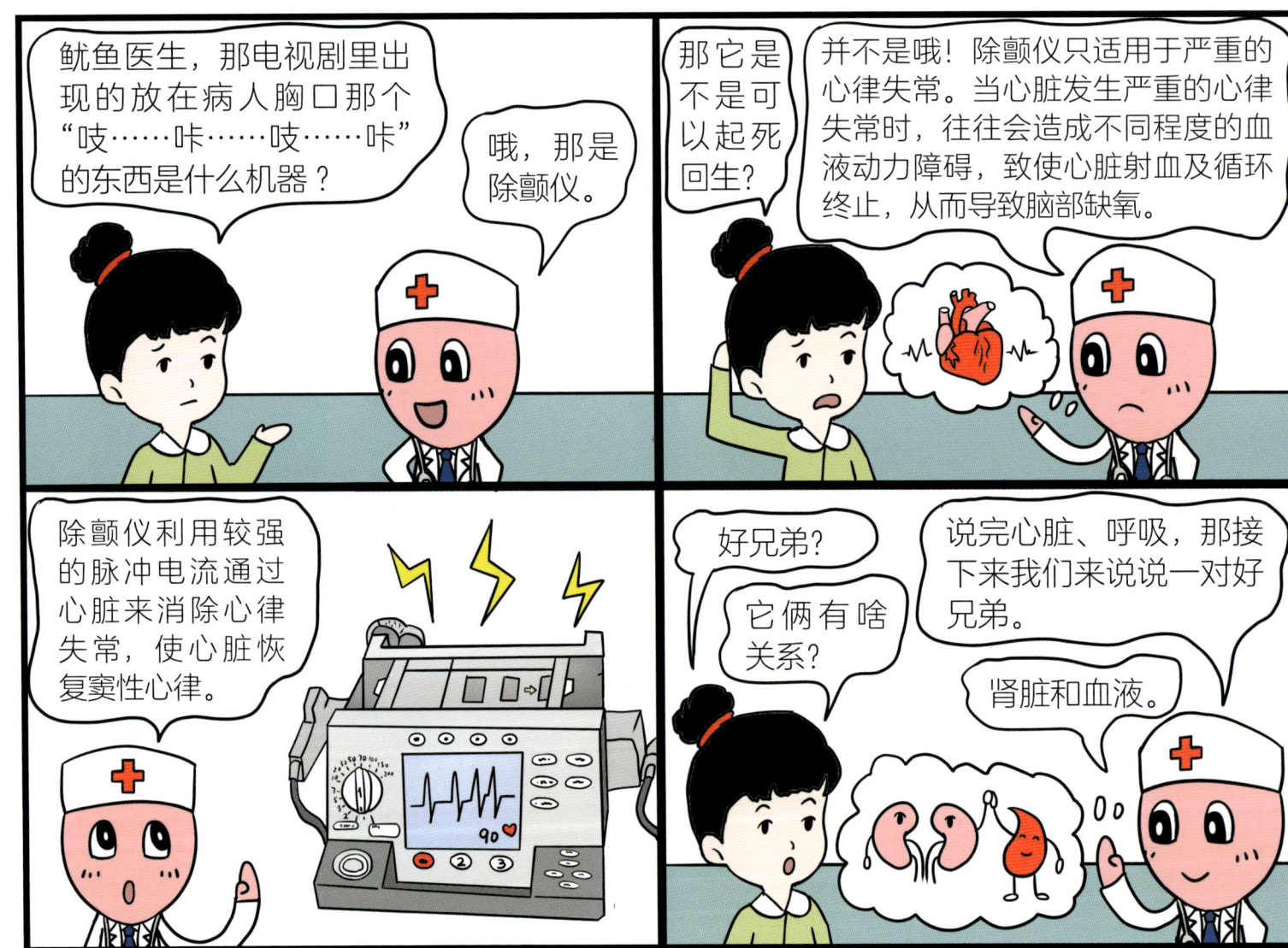

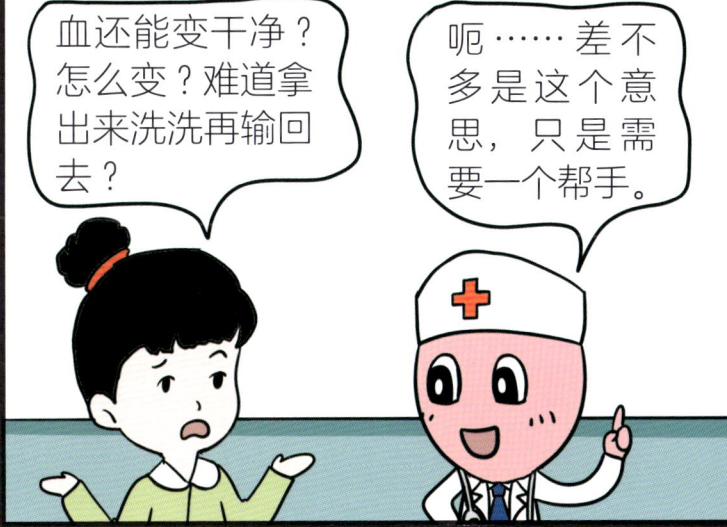

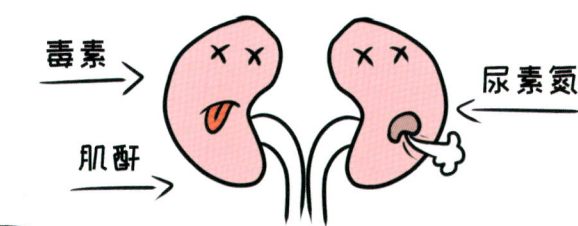
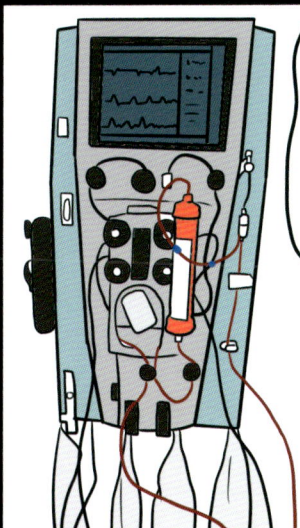

它俩相辅相成，肾脏负责过滤血液中的废物，血液负责运输营养物质。

一旦血液中的废物或毒素太多，肾脏负担不起，就会导致全身出现中毒症状，那么我们就要让血液变干净。

血还能变干净？怎么变？难道拿出来洗洗再输回去？

呃……差不多是这个意思，只是需要一个帮手。

这个帮手就是血液透析机。它可以将血液中的有毒物质和废物过滤掉，从而达到血液净化的效果。

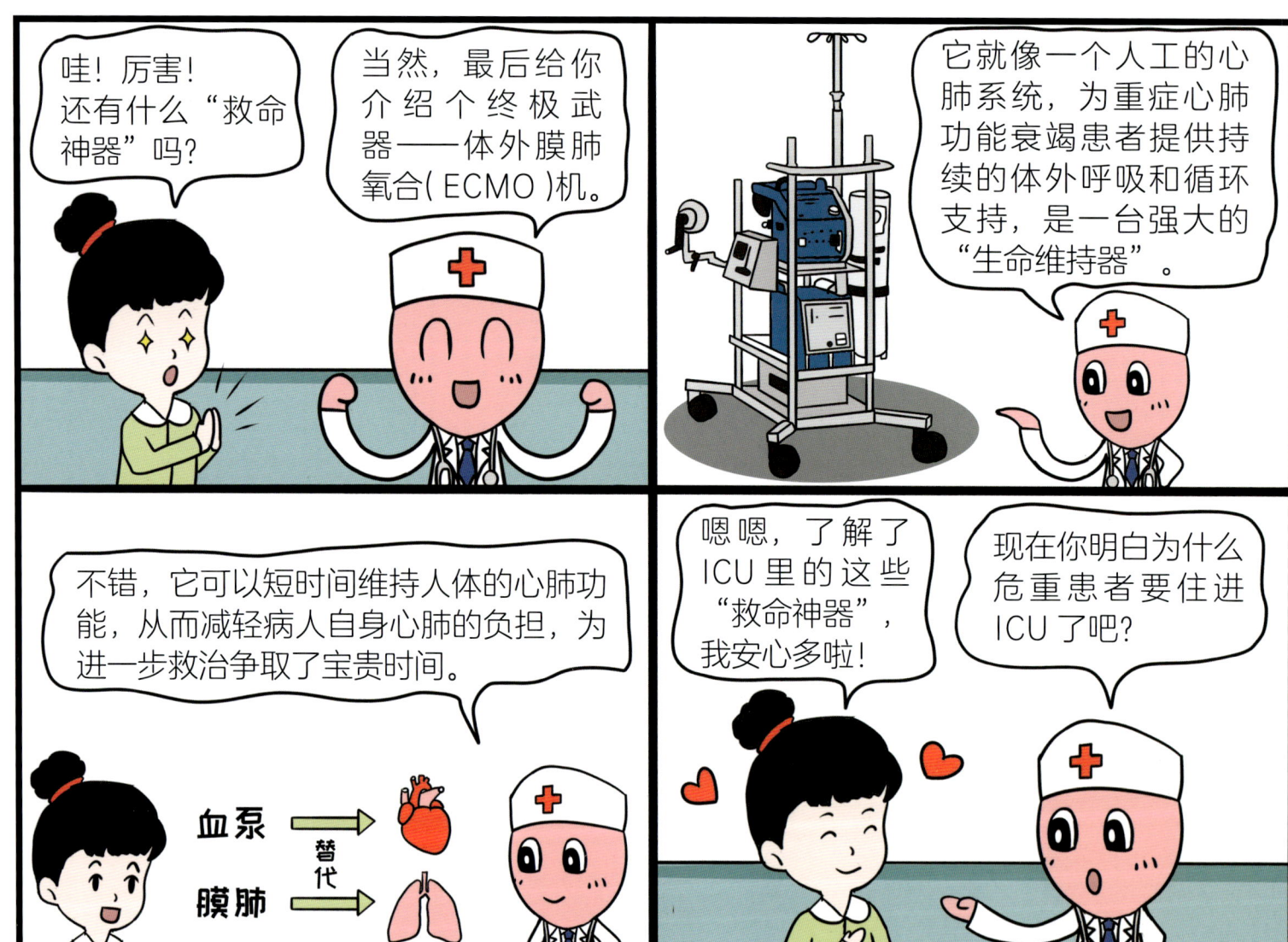

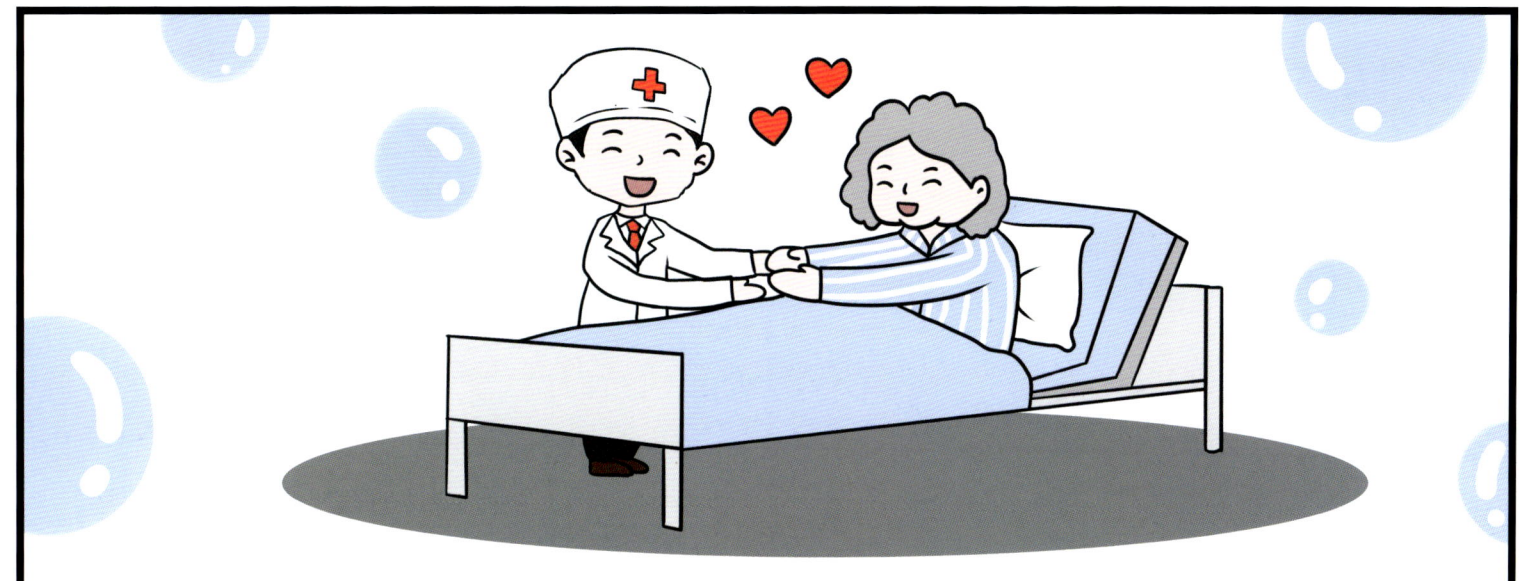

鱿鱼医生温馨提示：

ICU 里的各种救命机器是现代医学的瑰宝，它们为无数危重患者提供了重要的生命支持。然而我们也要意识到，这些机器虽然功能强大，但并非万能，它们只是治疗手段的一部分，真正的治愈还需要患者的积极配合和医护人员的精心治疗。

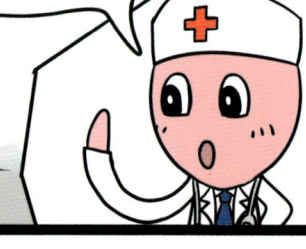

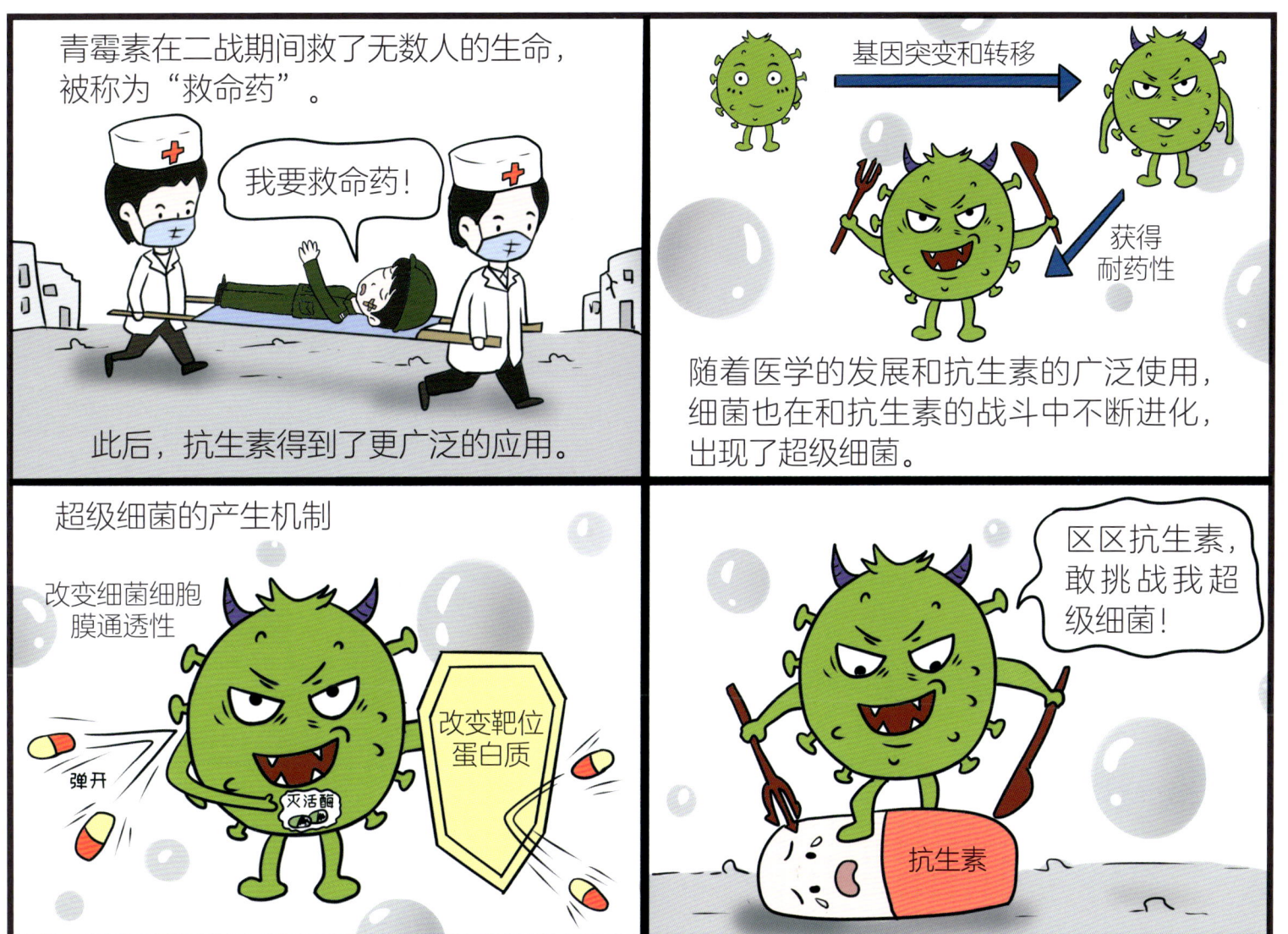

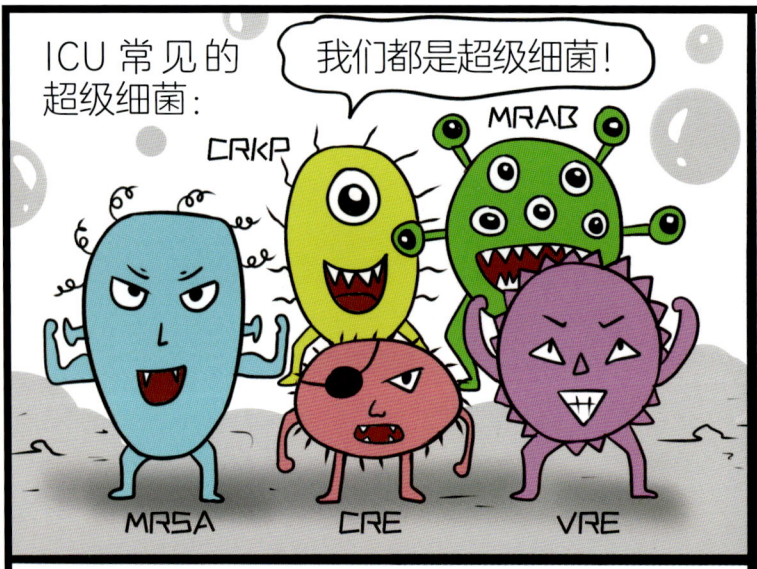

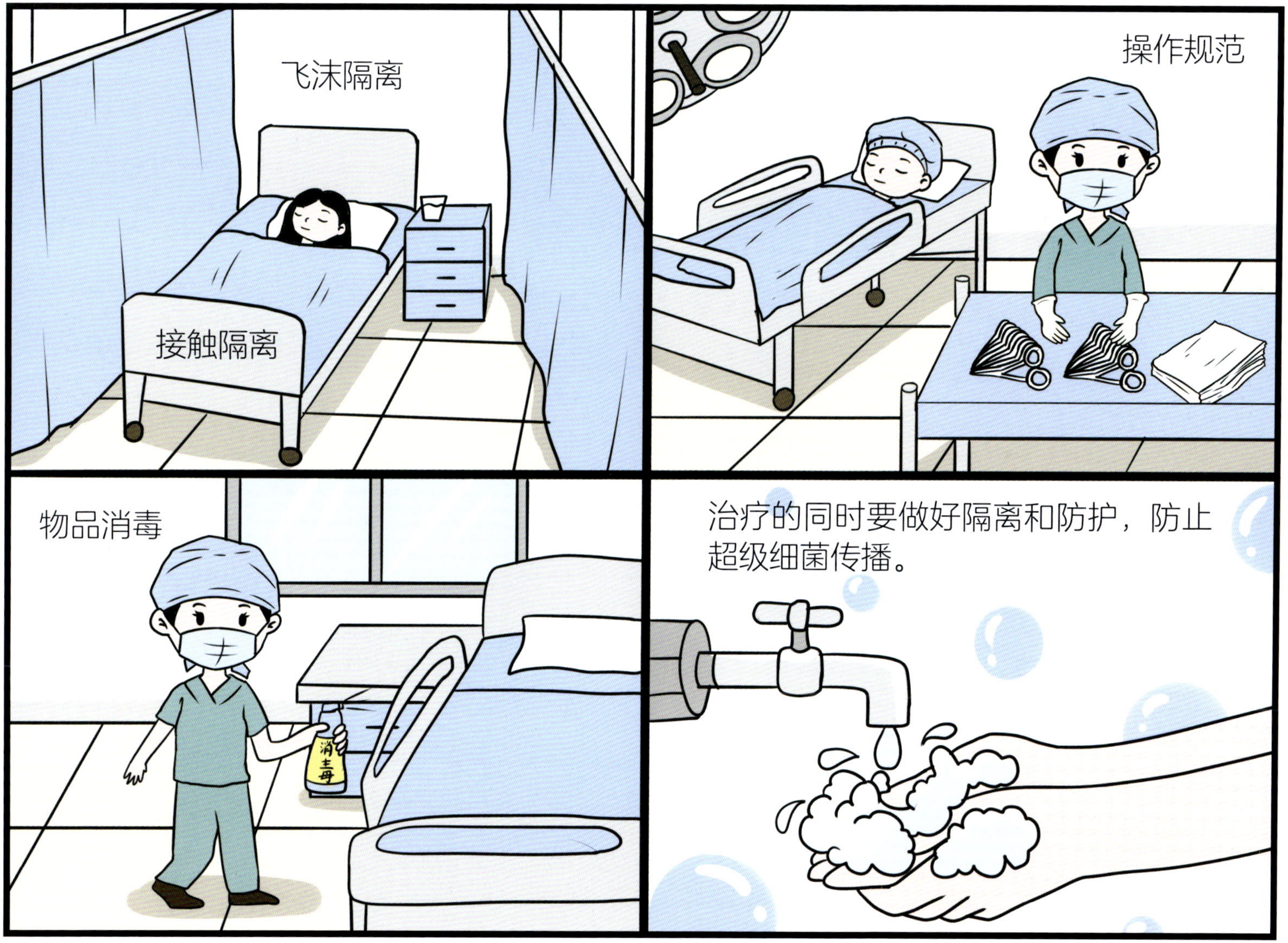

飞沫隔离

接触隔离

操作规范

物品消毒

治疗的同时要做好隔离和防护，防止超级细菌传播。

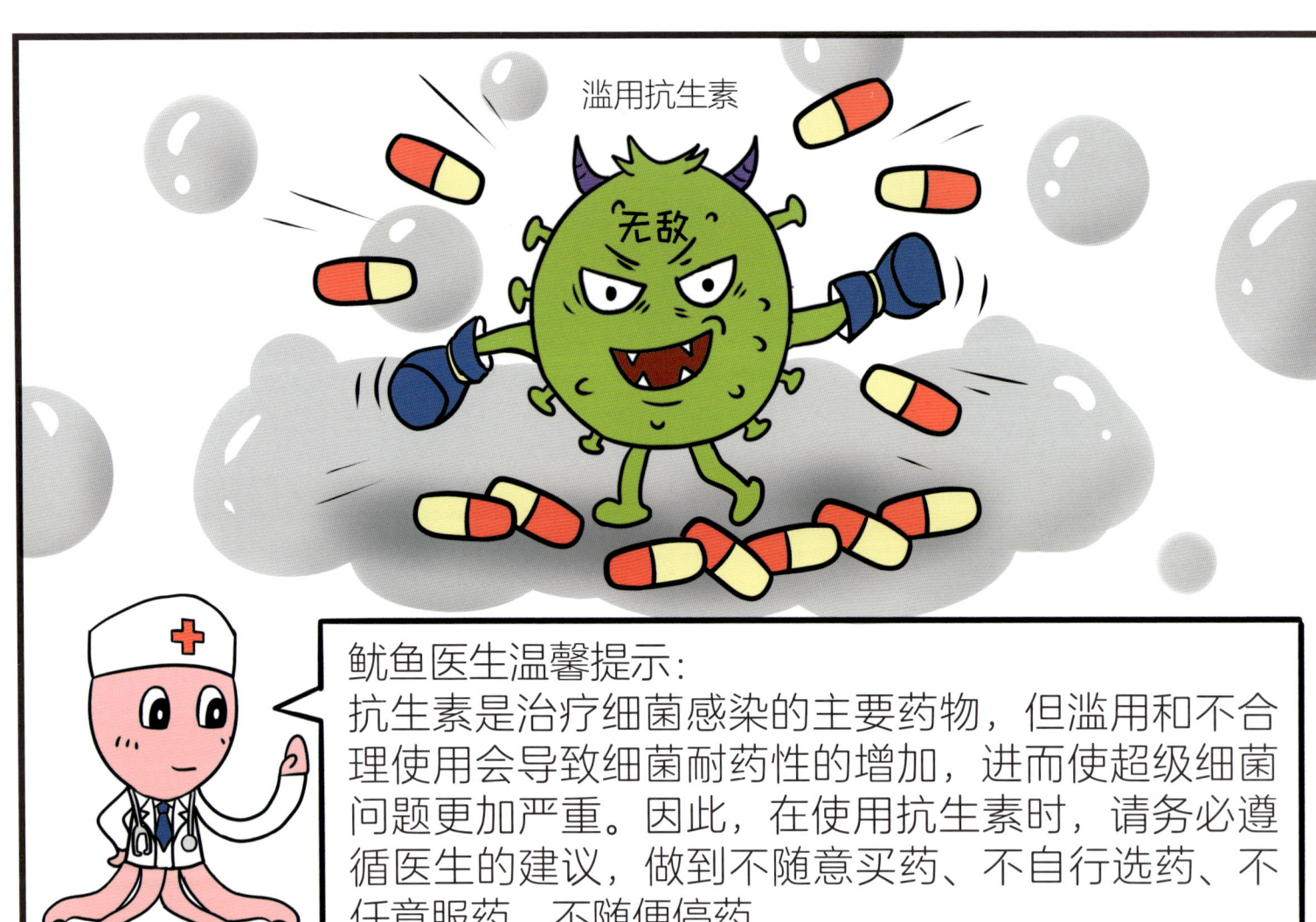

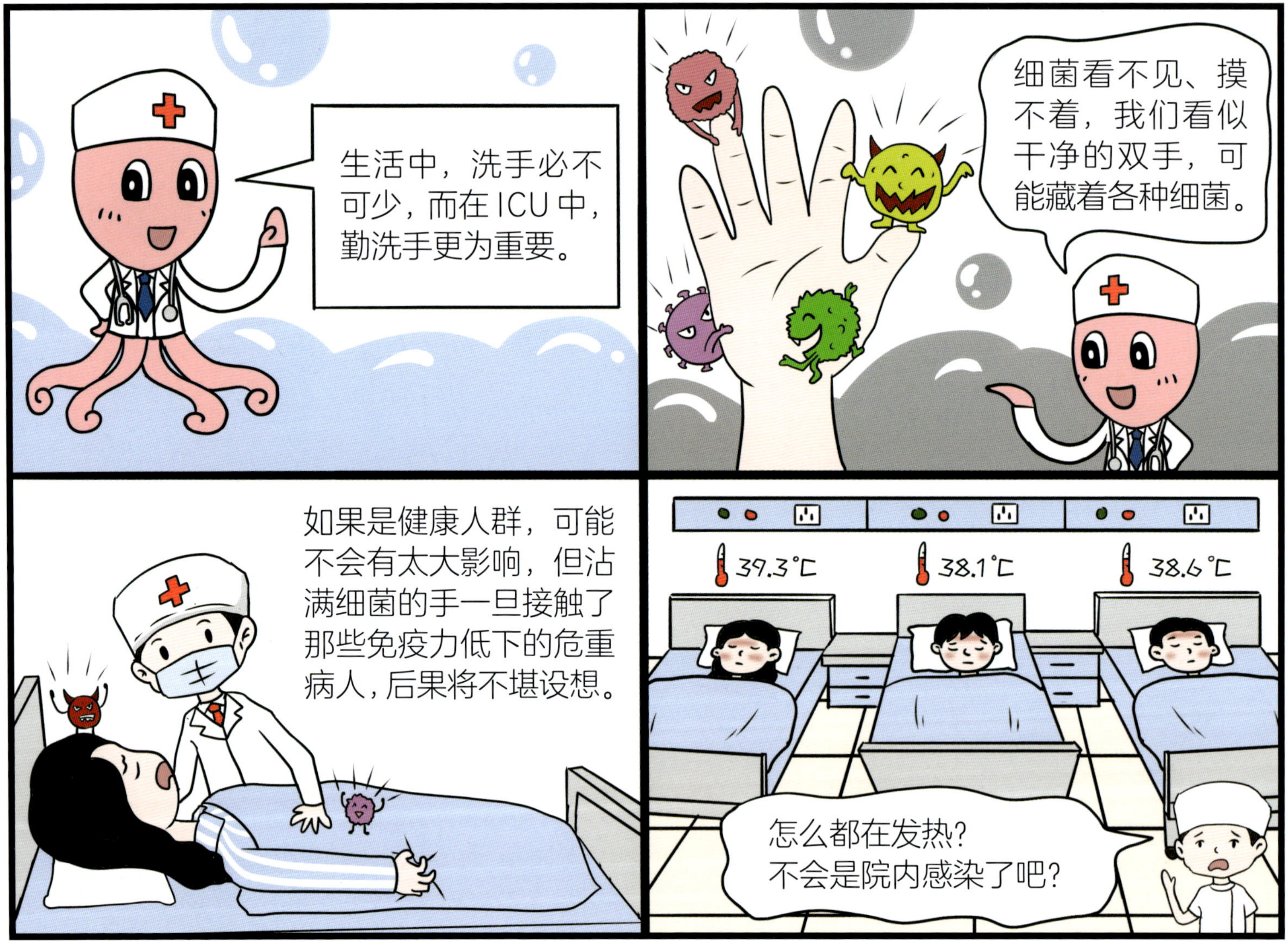

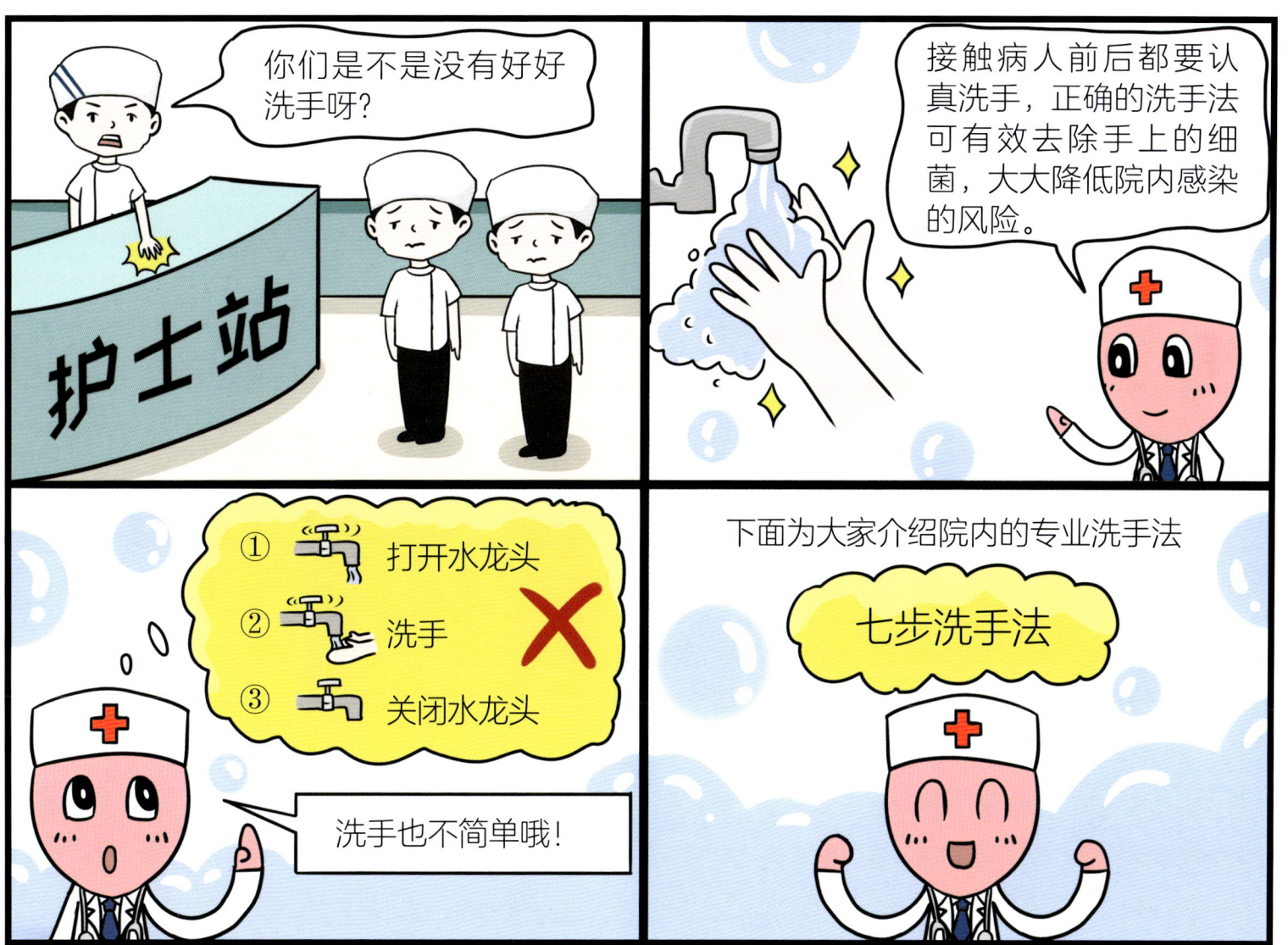

内 掌心对掌心 相互揉搓

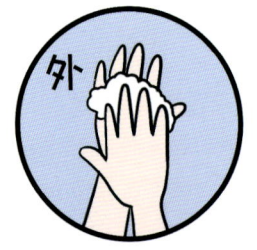
外 掌心对手背 两手交叉揉搓

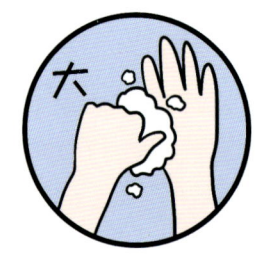
大 拇指握在掌心 转动揉搓

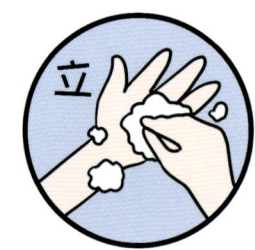
立 指尖在掌心揉搓

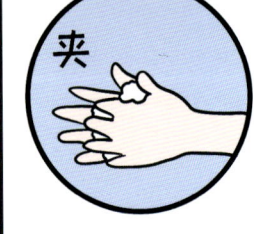
夹 掌心对掌心 十指交叉揉搓

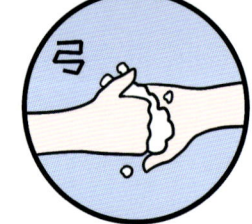
弓 十指弯曲紧扣 转动揉搓

腕 清洁手腕

鱿鱼医生温馨提示：
医院是充满爱与希望的地方，也是细菌与病毒容易滋生和传播的地方。因此，保持手部清洁与卫生成为我们守护健康的第一道防线，而洗手则是预防院内感染最简单、最经济、最有效的方法。如果要探视病人，请一定记得提前洗手，正确洗手哦！

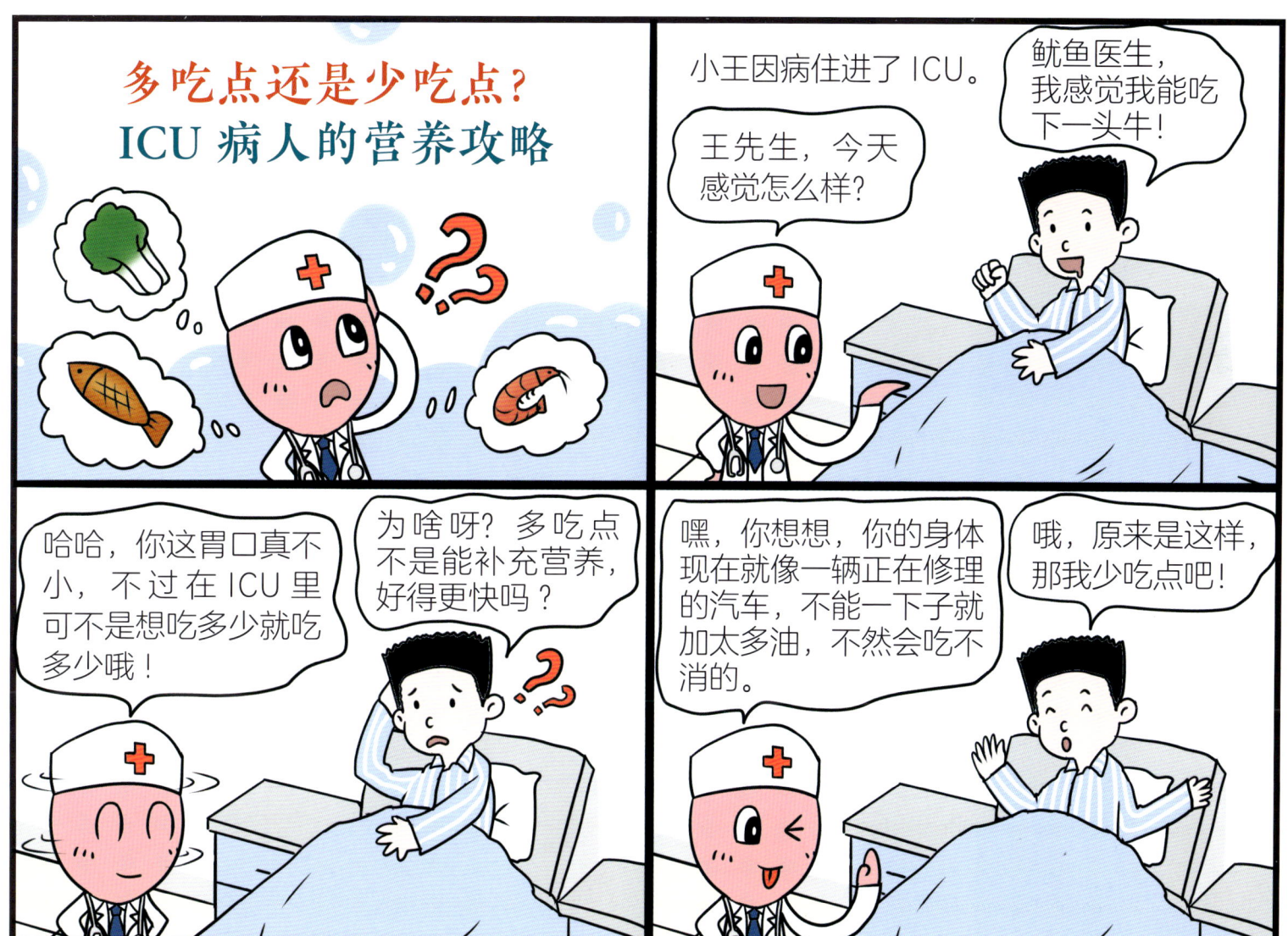

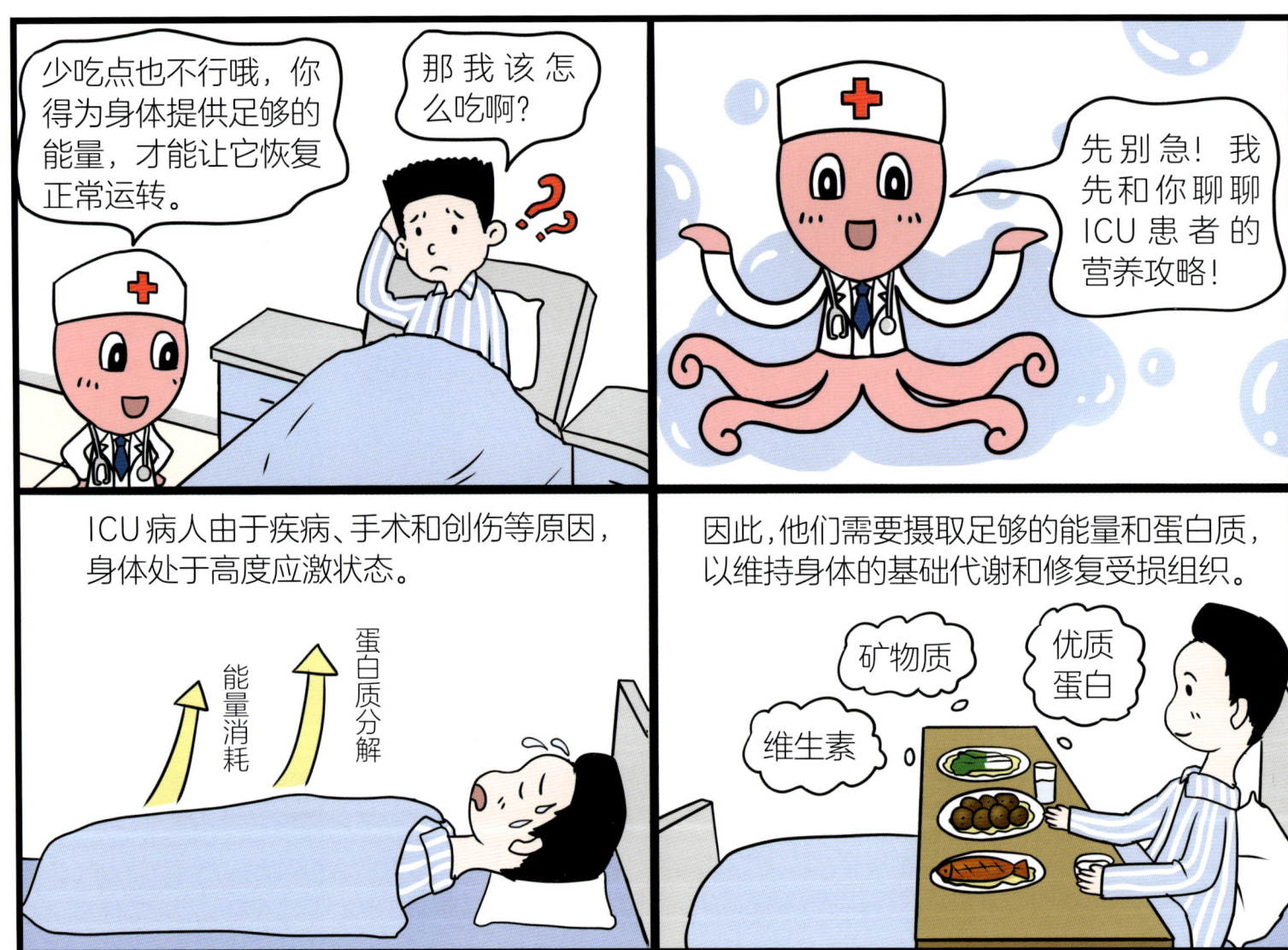

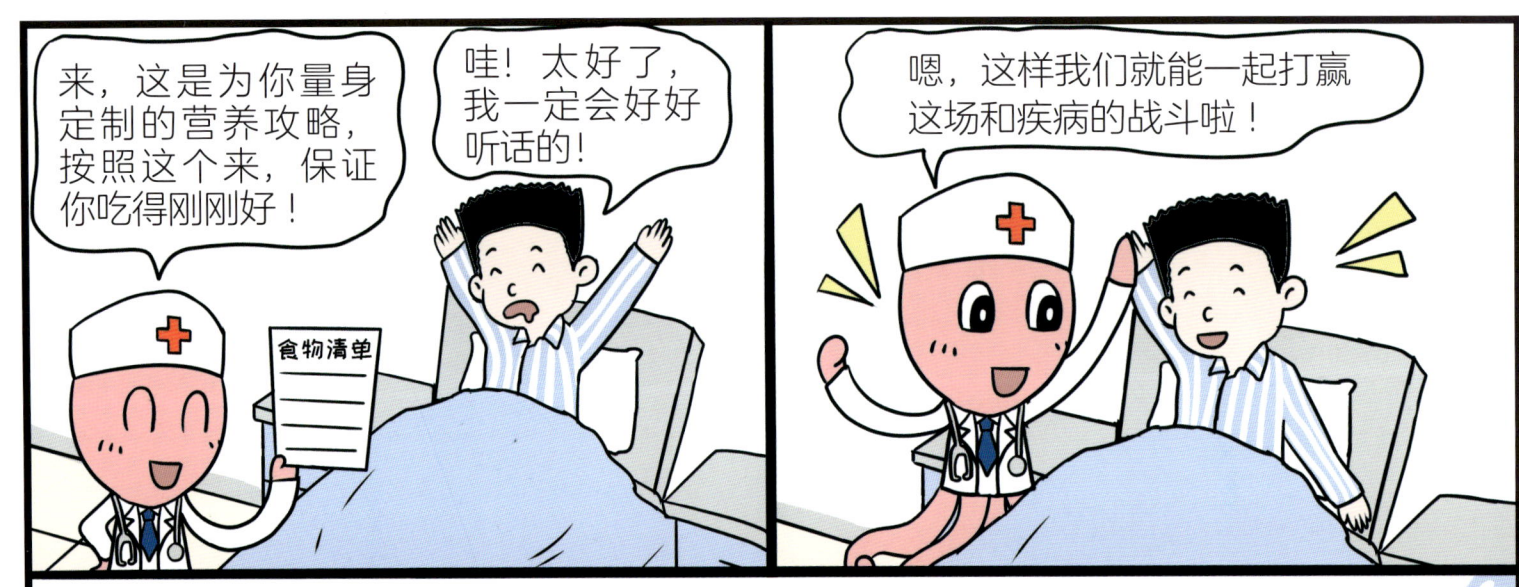

鱿鱼医生温馨提示：
ICU病人的营养支持是一个复杂而重要的过程，在制订营养支持方案时，应充分考虑病人的身体情况和需求，合理安排饮食量和营养物质的摄入。同时，医生还需要密切关注病人的营养状况，及时调整营养支持方案，以确保病人获得最佳的康复效果。

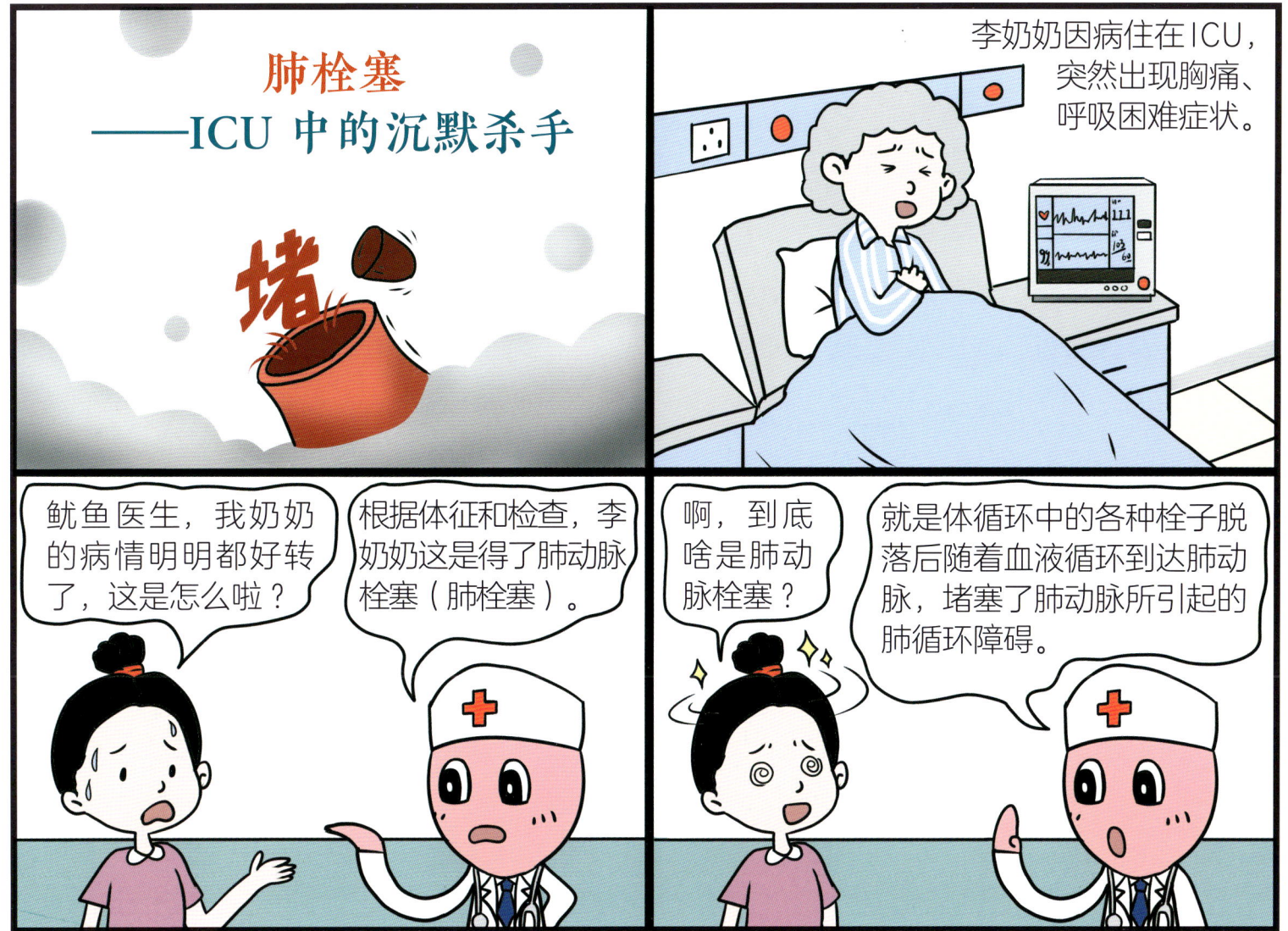

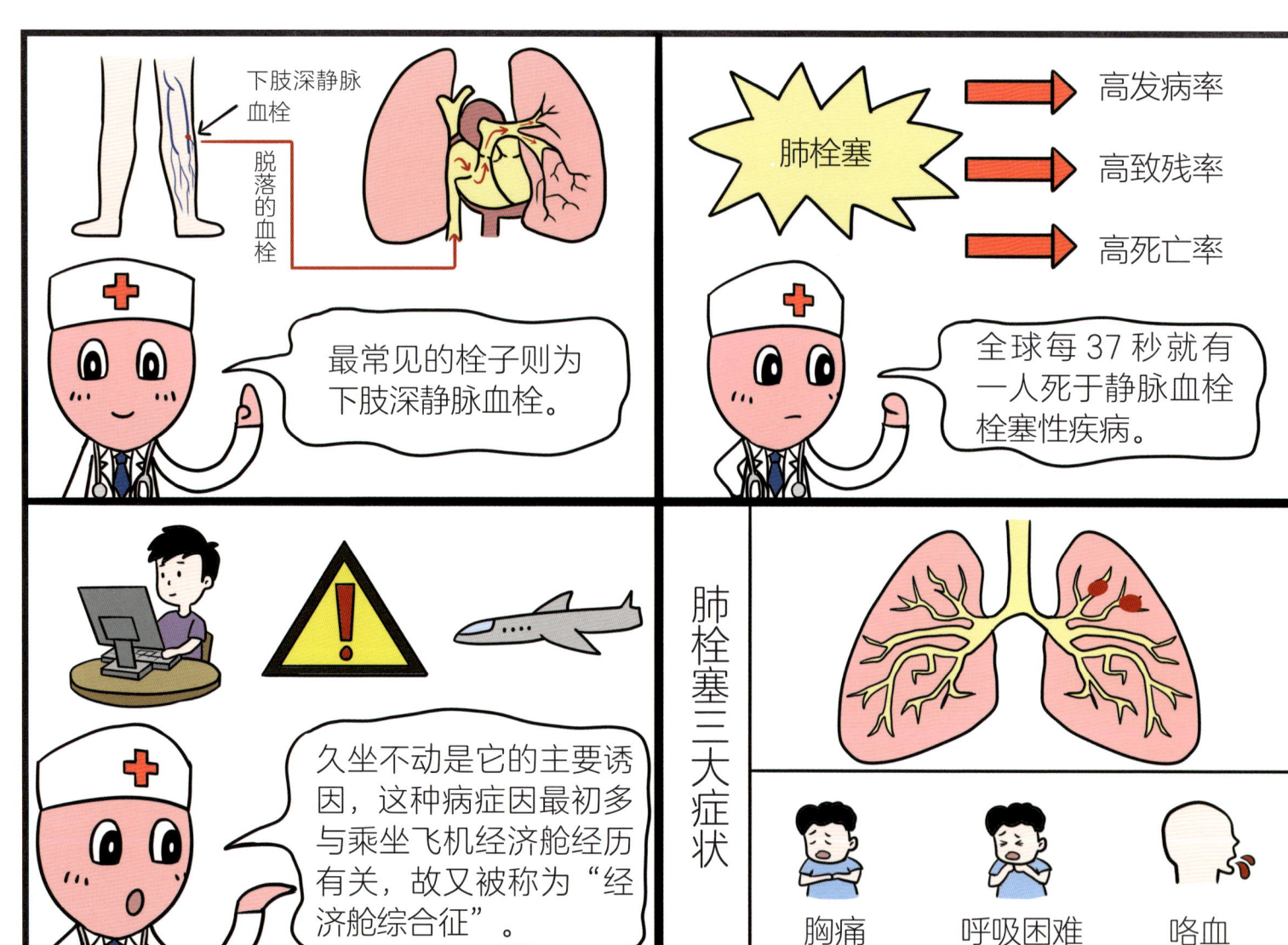

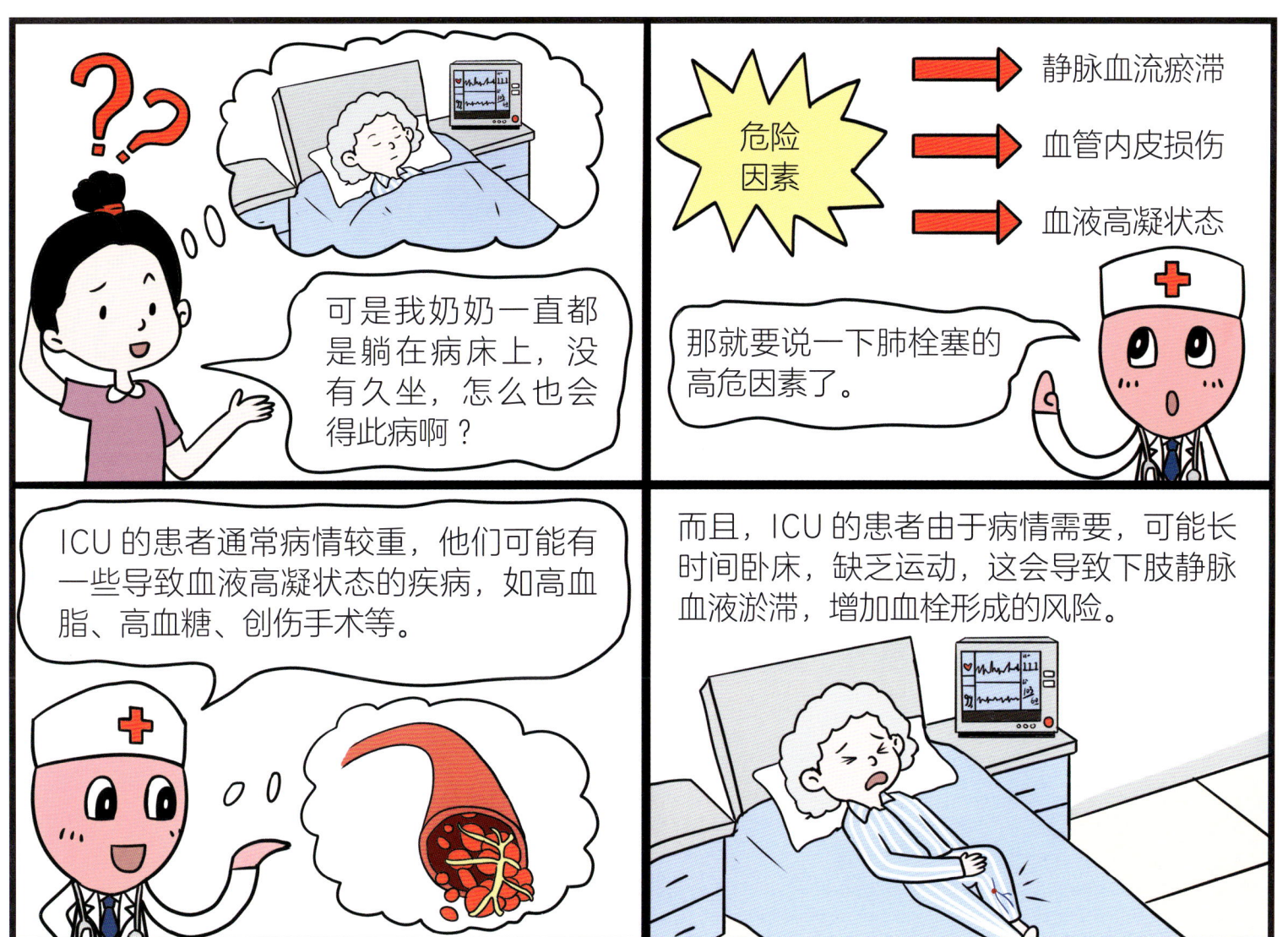

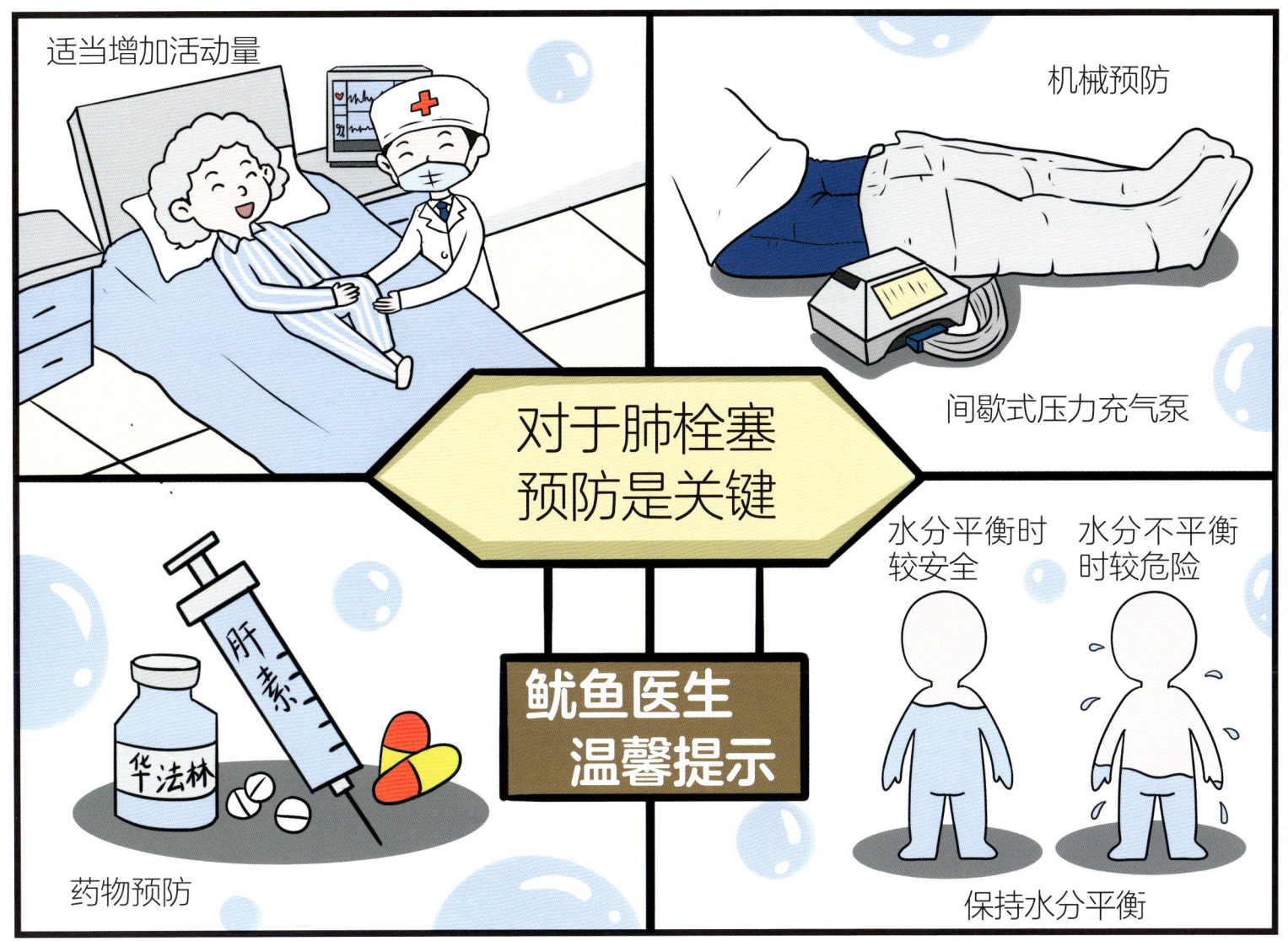

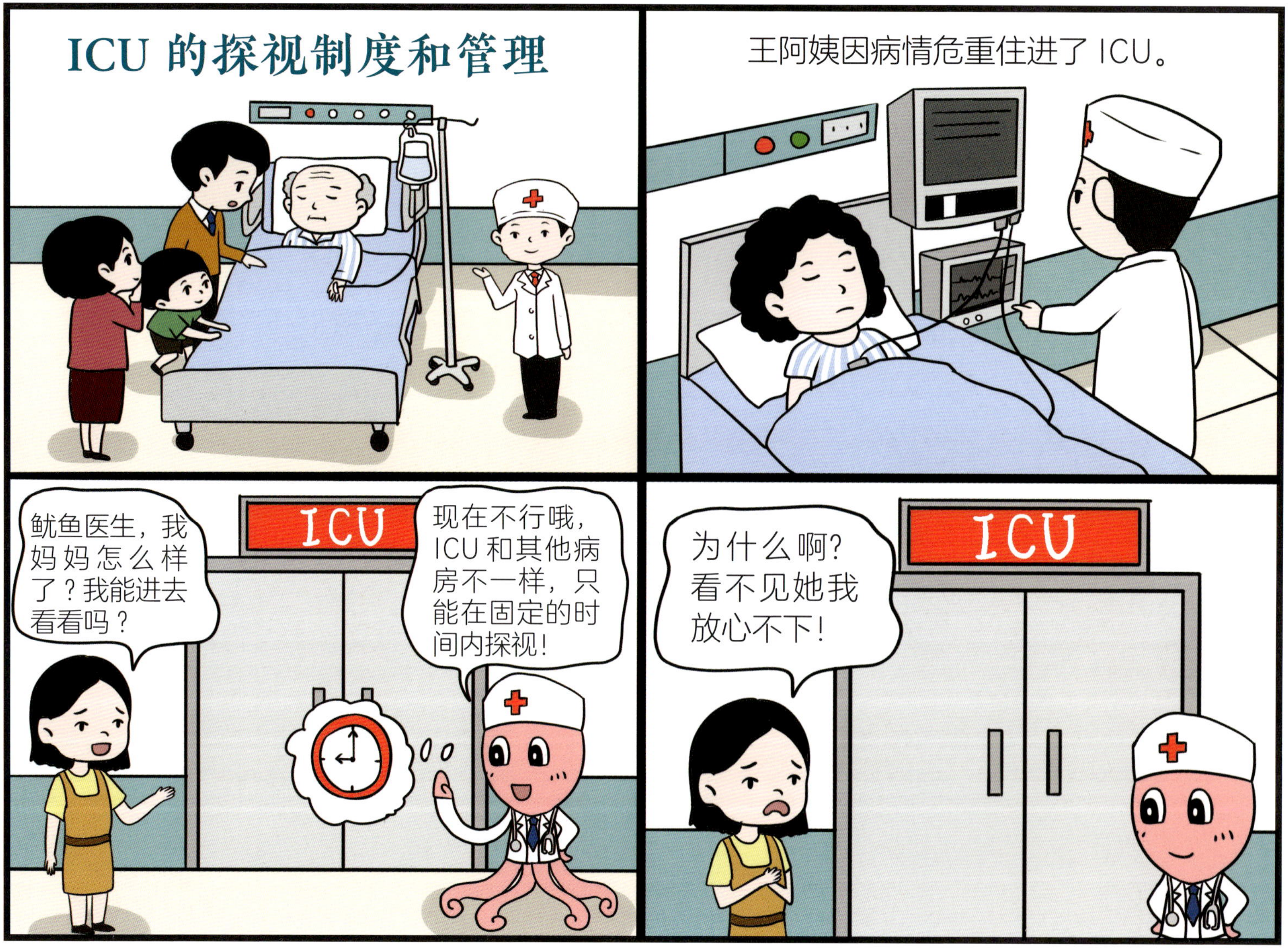

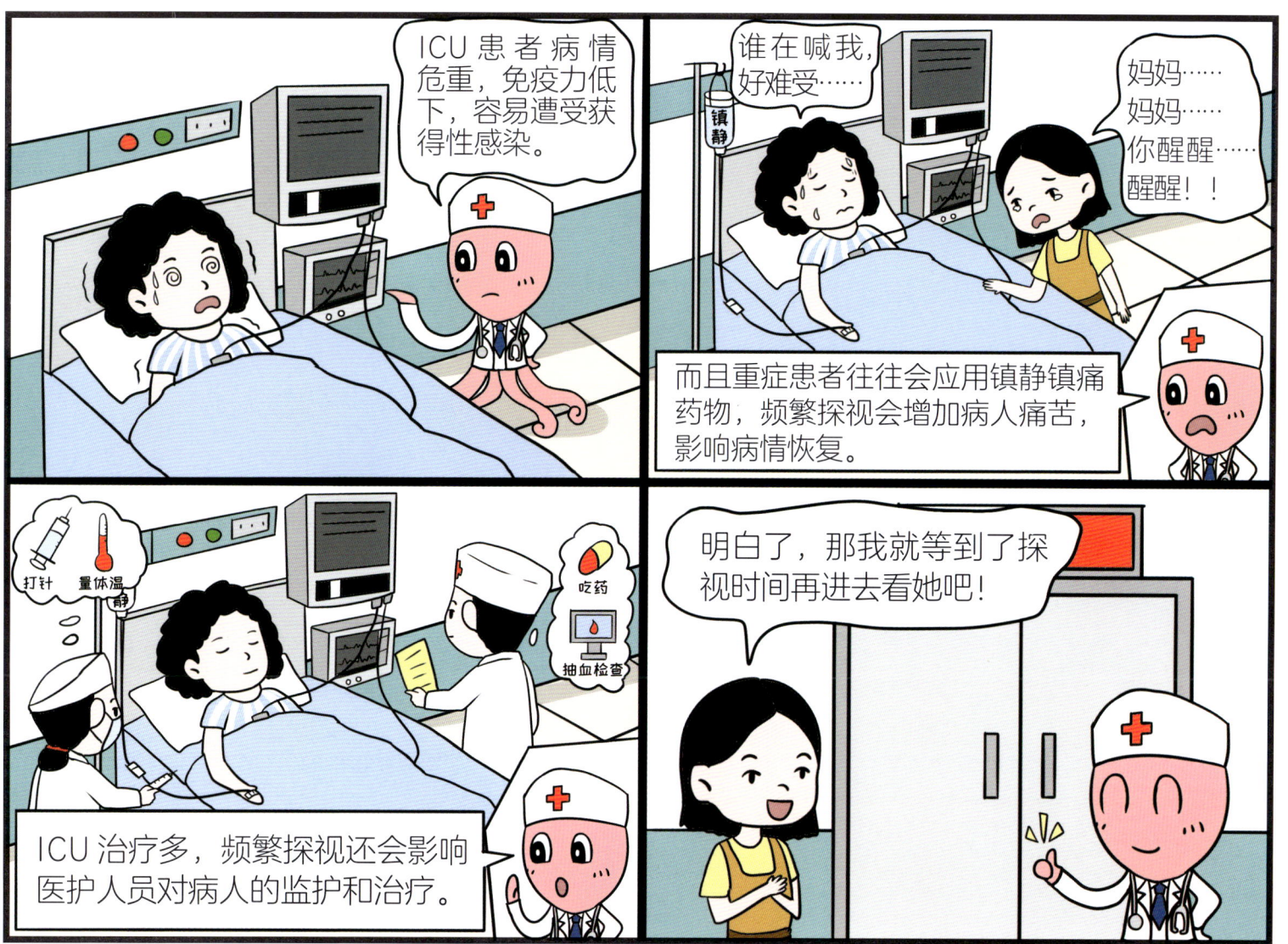

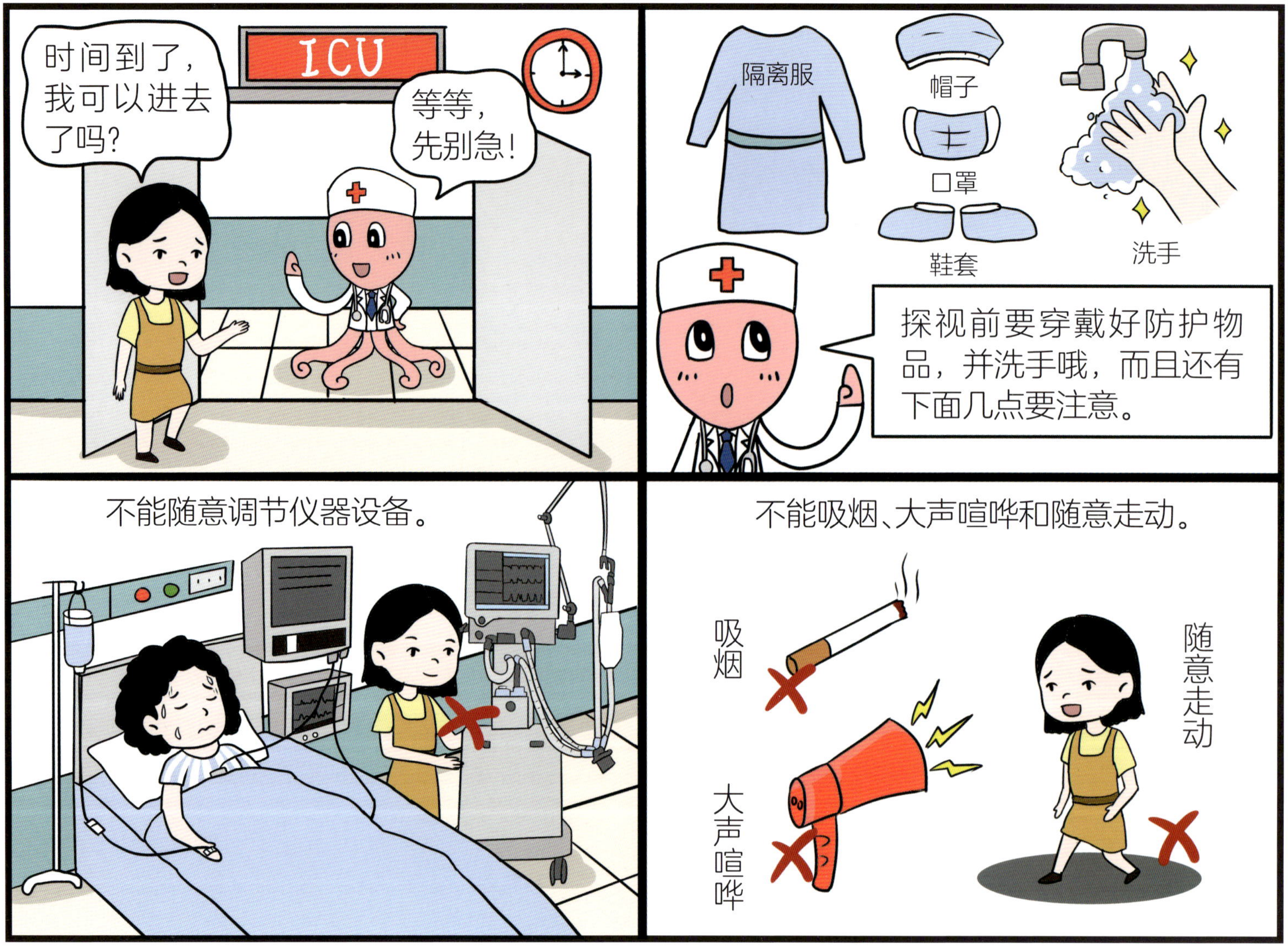

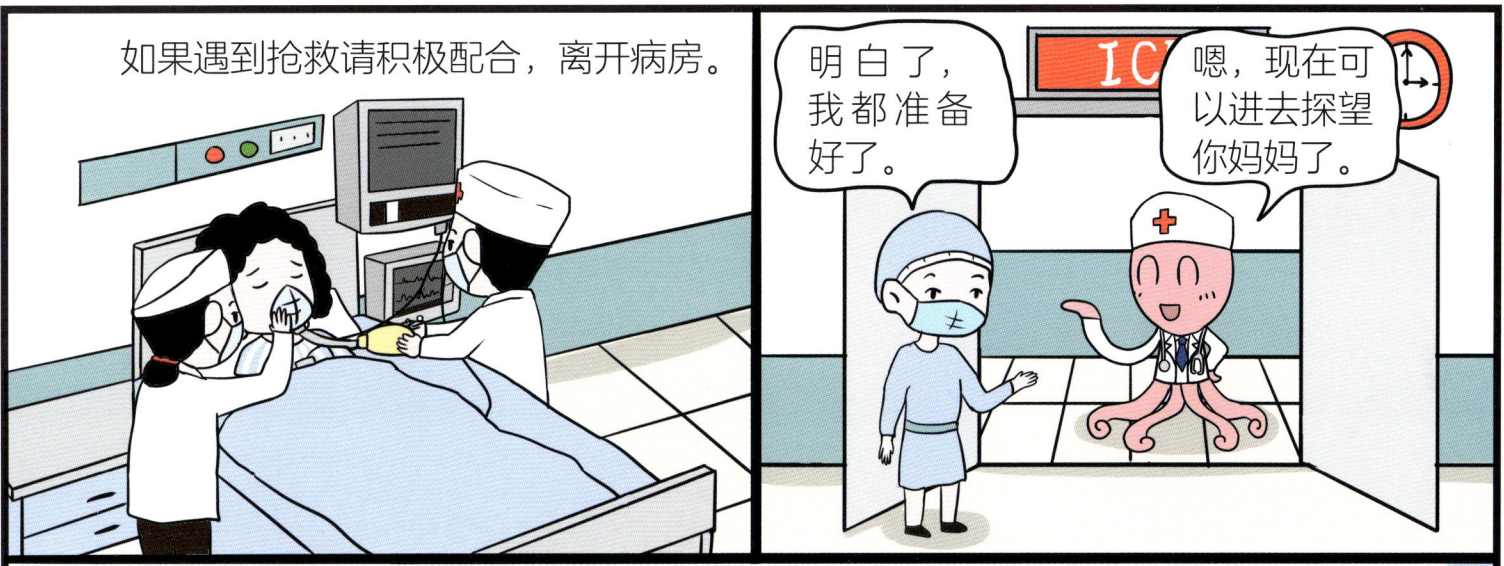

如果遇到抢救请积极配合，离开病房。

明白了，我都准备好了。

嗯，现在可以进去探望你妈妈了。

鱿鱼医生温馨提示：
探视是患者与家属情感的沟通，也是医务人员与病患家属病情信息沟通的重要渠道，而遵守探视制度有助于保障病人的安全、隐私和休息，促进医患沟通，减轻家属焦虑，从而助力病人的康复。

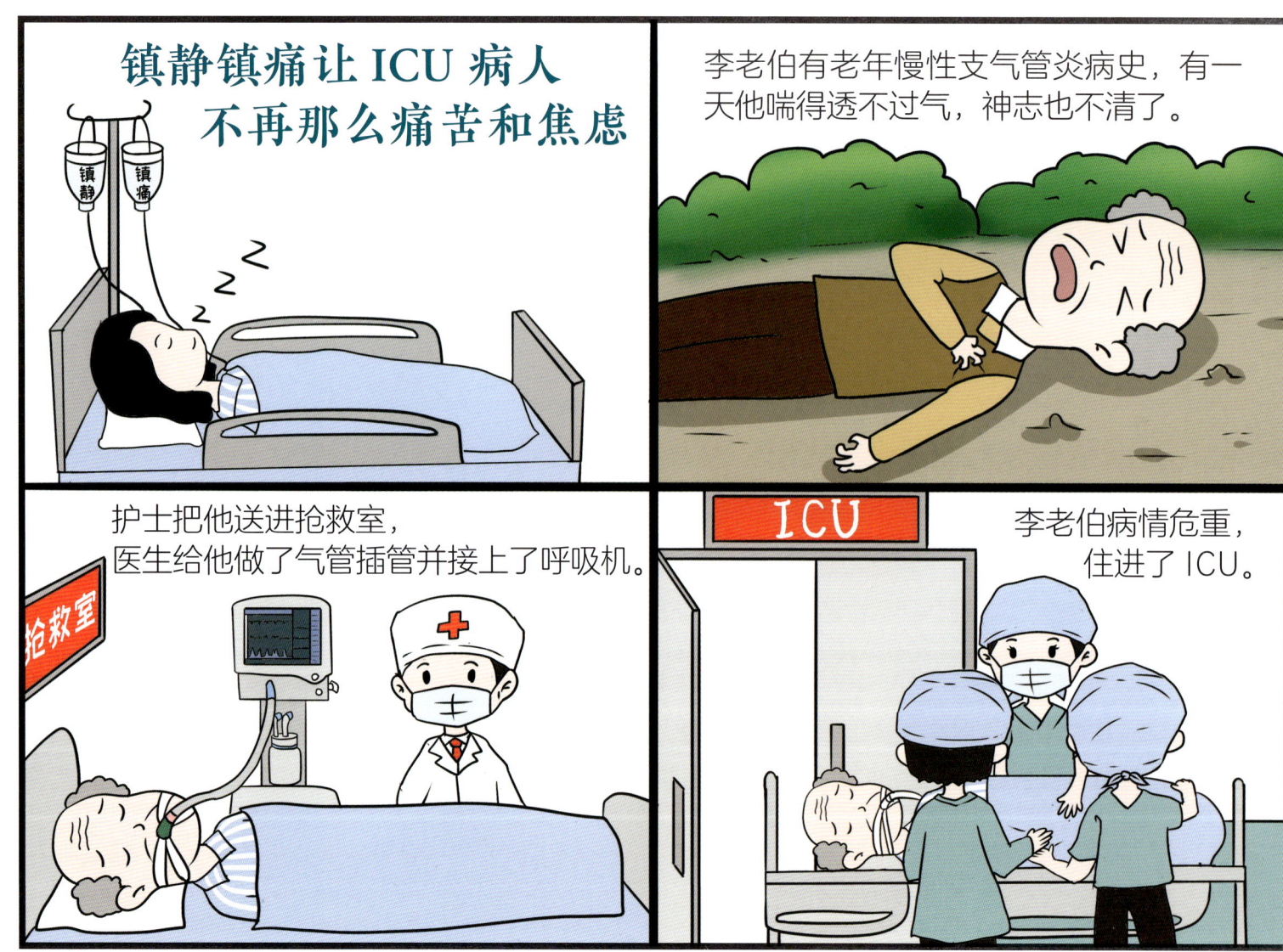

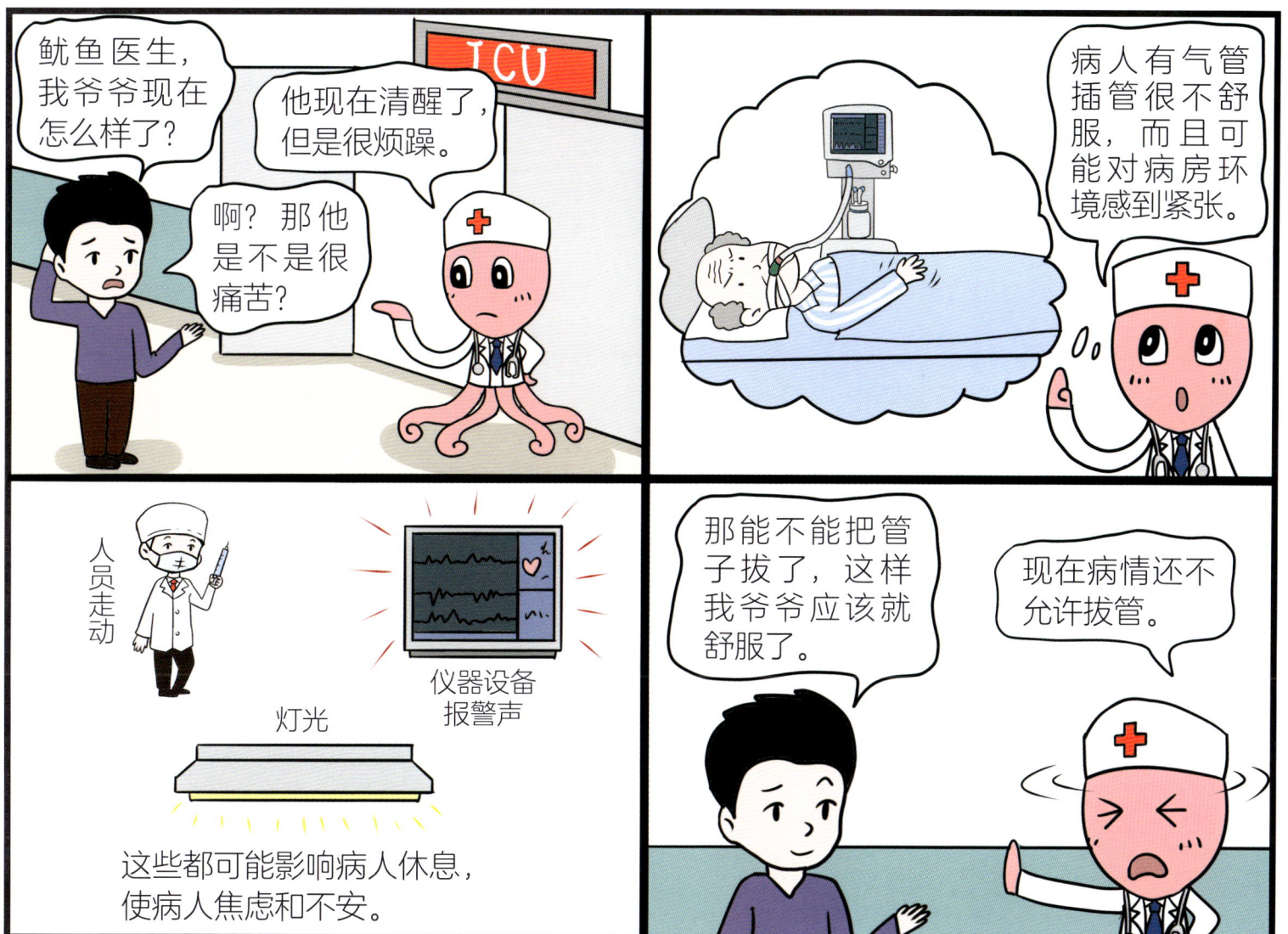

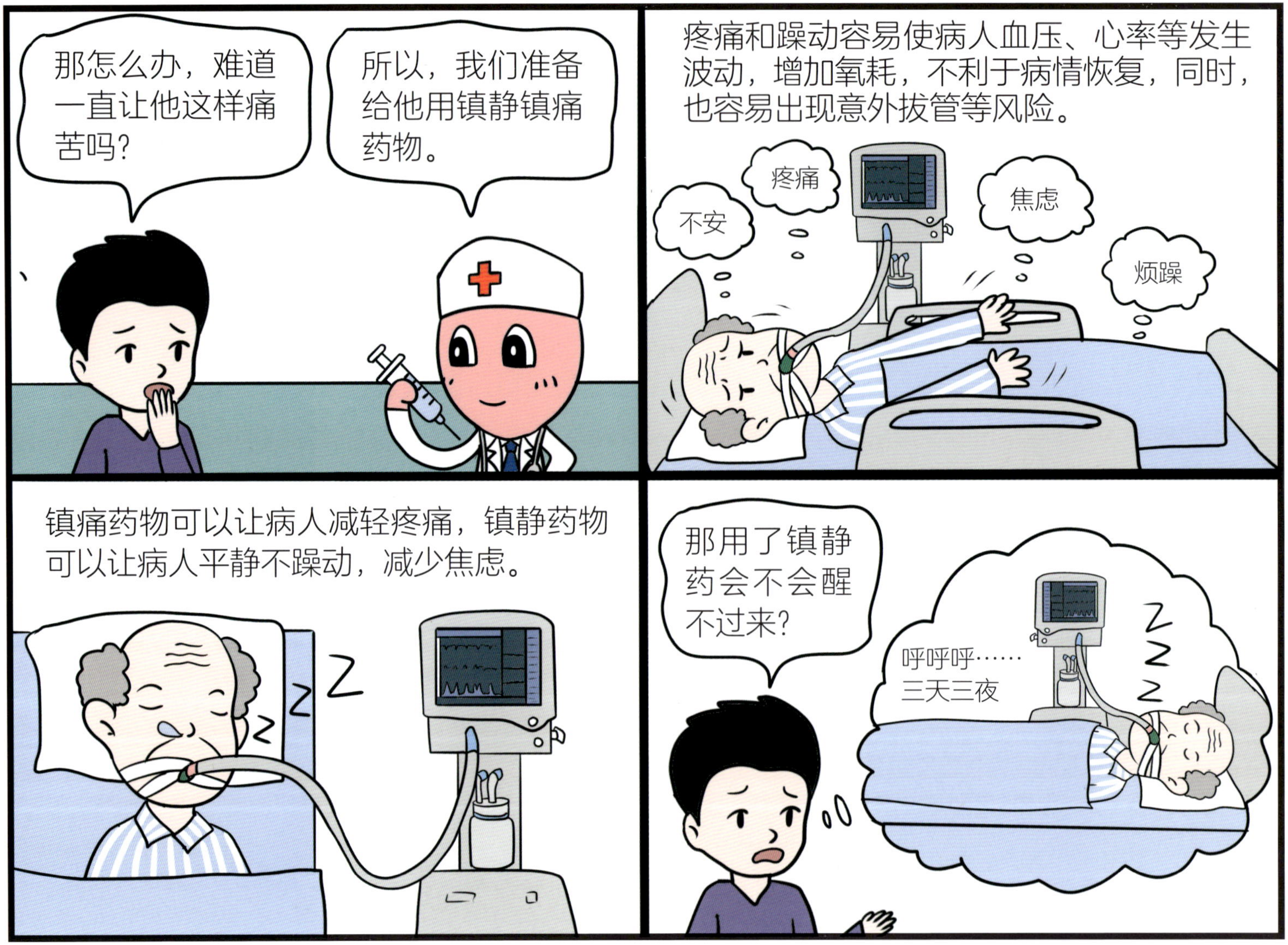

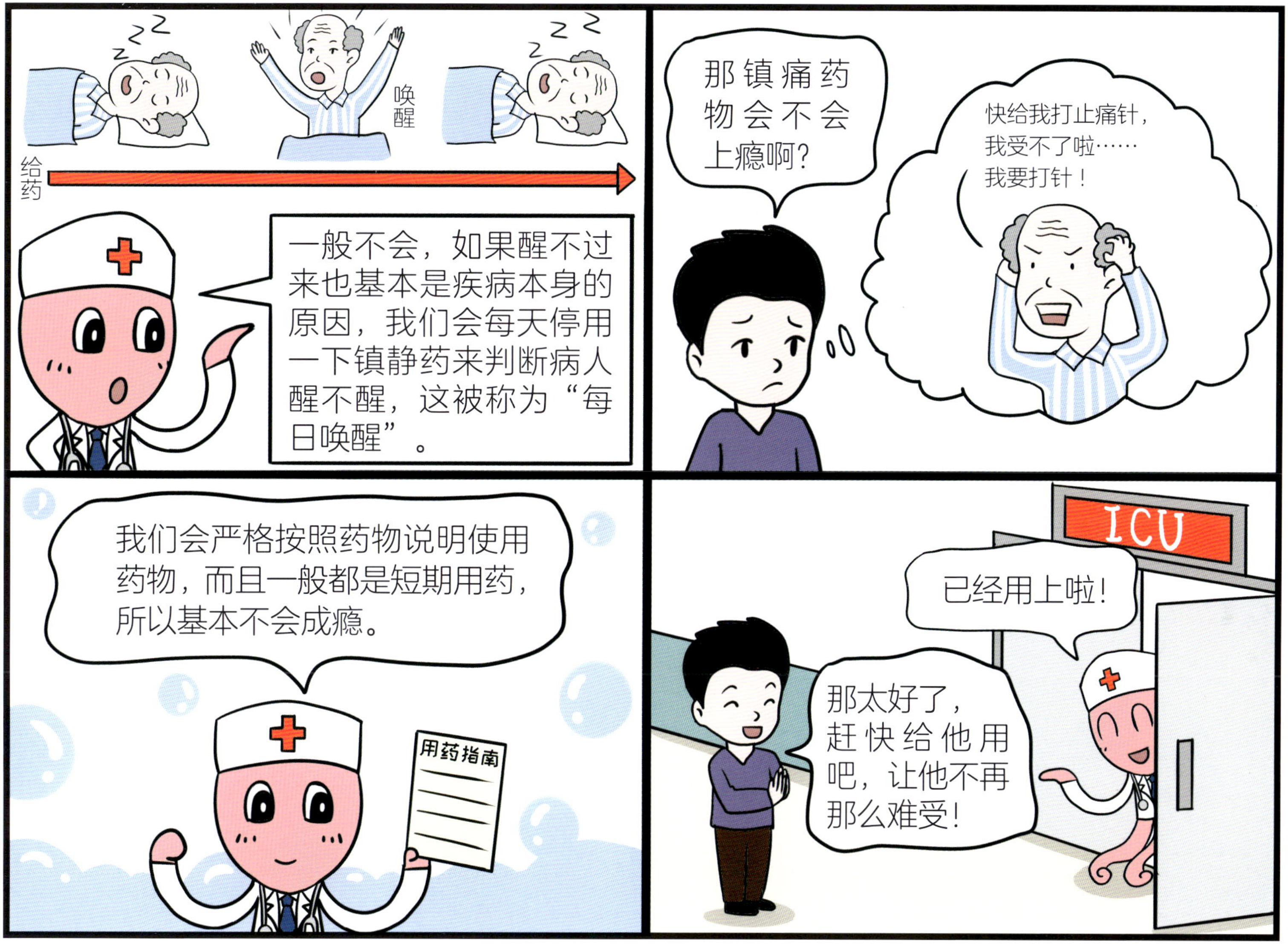

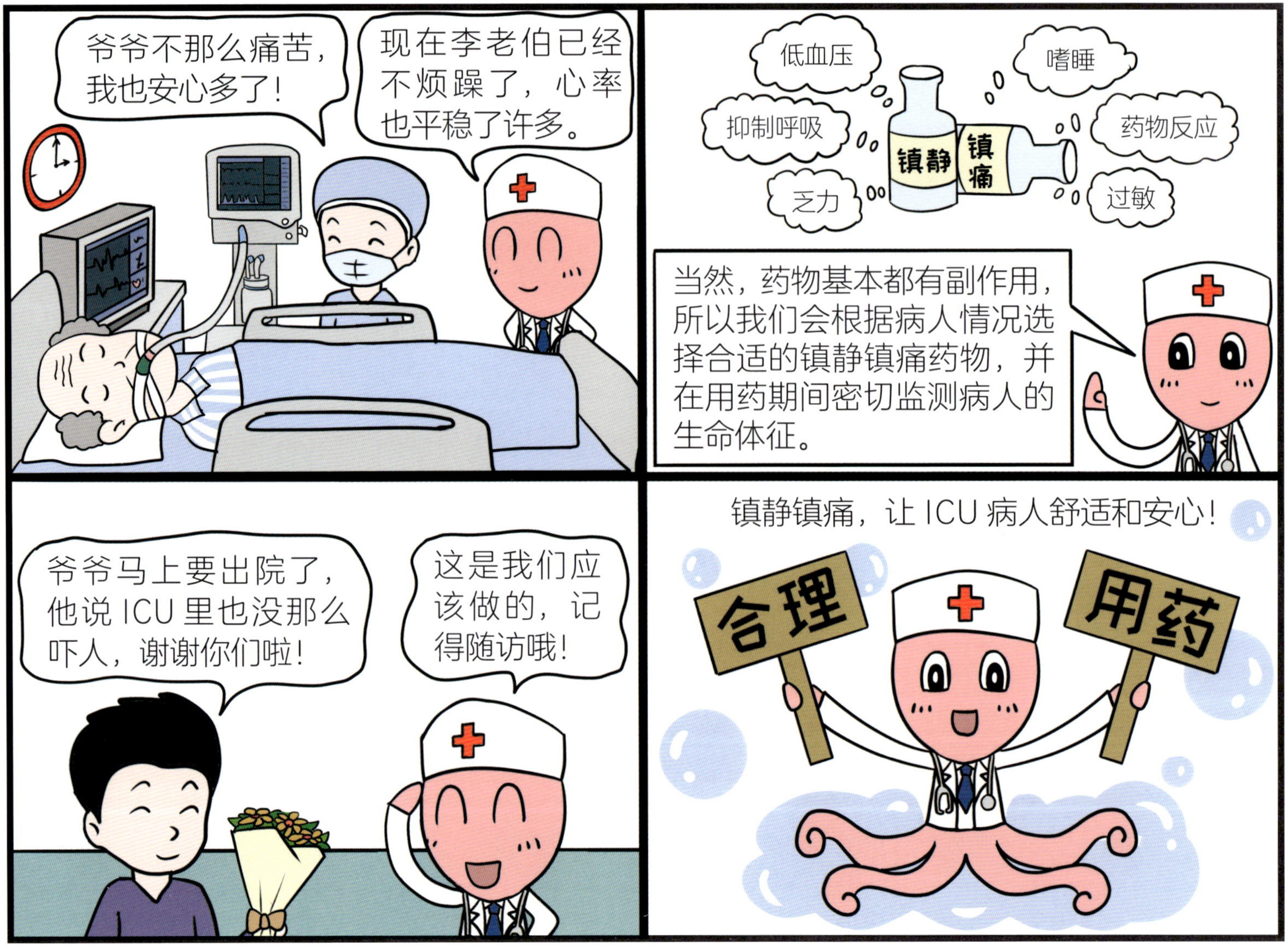

鱿鱼医生温馨提示：

镇静镇痛是ICU危重病人常用的治疗手段之一，可以减轻病人的疼痛不适，让躁动的病人恢复平静，减少氧耗以及循环波动，防止出现意外拔管、跌倒等情况，也可以消除病人在治疗过程中的不良记忆，使其身心更加健康。医生会在合适的时机，合理用药，为病人的康复保驾护航。